Tobias Kirchhof / Anette Kotnik / Niklas Kreppel /
Kerstin Offermann / Helke Ricker

„... sie fanden nicht einmal Zeit zum Essen."

Selbstsorge und Verantwortungs- übernahme in der Diakonie

Arbeitsbuch

neukirchener

midi
Kraftquellen

Vorwort

Die Evangelische Arbeitsstelle für missionarische Kirchenentwicklung und diakonische Profilbildung (midi) beginnt mit diesem ersten Band der „Kraftquellen – Diakonische Erfahrungen im Licht der Bibel" eine Reihe zur Unterstützung der Fortbildungsarbeit in den diakonischen Werken, Verbänden, Einrichtungen und Unternehmen sowie den diakonischen Fortbildungsträgern und Einrichtungen der evangelischen Erwachsenenbildung. Sie will damit nicht nur die Diakonische Profilbildung fördern, sondern vor allem die Deutung und Wertschätzung der individuellen diakonischen Leistung der einzelnen Mitarbeitenden.

Jedes Jahr wird ein Fortbildungstag entwickelt, der eine diakonische Grunderfahrung in die Kommunikation mit einem entsprechenden biblischen Text bringt.

Damit richtet sich die Reihe an alle, die für die theologischen, existentiellen und diakonischen Fortbildungen Verantwortung tragen oder sie durchführen. Sie ist ökumenisch anschlussfähig und kann deshalb auch von anderen christlichen Sozialunternehmen bzw. deren Fortbildungseinrichtungen verwendet werden.

Der spezifische Ansatz der Reihe ist, dass sie bei einer konkreten diakonischen Erfahrung von Mitarbeitenden ansetzt und sie dann mit einem passenden Bibeltext verbindet. Ziel ist es, dass Mitarbeitende neue Perspektiven auf ihr eigenes Handeln und Erleben gewinnen und in ihrer Person und Arbeit geistlich gestärkt werden.

Dabei sind Mitarbeitende bzw. Teilnehmende, die den christlichen Glauben nicht für sich beanspruchen, explizit mitgedacht und können mit ihren Erfahrungen und Wahrnehmungen die Fortbildung bereichern und für sich selbst Stärkung erfahren.

midi ist froh, dass für die Erarbeitung dieser Fortbildungsreihe kompetente und erfahrene Autorinnen und Autoren aus der diakonischen Mitarbeitendenfortbildung bzw. der kirchlichen Erwachsenenbildung ein Redaktionsteam gebildet haben. midi dankt ihnen ausdrücklich für die investierte Zeit und Energie. Sie garantieren die Praxisnähe, Umsetzbarkeit und geistliche Relevanz der Reihe. Außerdem dankt midi der Deutschen Bibelgesellschaft und dem Neukirchener Verlag, die das Projekt unterstützen.

Zu jedem Arbeitsbuch erscheint auch ein Begleitheft für die Teilnehmerinnen und Teilnehmer[1].

Weitere Materialien und Anregungen für die Fortbildungen finden Sie unter www.mi-di.de/themen/kraftquellen.

Wir freuen uns, wenn die „Kraftquellen" als fester und regelmäßiger Bestand Eingang in die diakonische Fortbildungslandschaft finden. Um die Reihe weiterzuentwickeln, bitten wir Sie, uns Ihre Erfahrungen, Anregung und auch Ihre Kritik zur Verfügung zu stellen. Entweder unter www.mi-di.de/themen/kraftquellen oder unter info@mi-di.de.

---

1 Dies kann bestellt werden unter: https://neukirchener-verlage.de/catalog/product/view/id/1962039/s/-sie-fanden-nicht-einmal-zeit-zum-essen-begleitheft-9783761568026/.

Inhaltsverzeichnis

Vorwort   2

Einleitung   6

Teil 1 – Annäherungen   9

1.1 Selbstsorge und Verantwortungsübernahme –
Annäherungen an die Situation im diakonischen Alltag   9

1.2 Selbstsorge und Verantwortungsübernahme –
Annäherungen aus psychologischer Perspektive   12

1.3 Die Speisung der 5000 –
Der Bibeltext aus Markus 6, 30-44 in
der Übersetzung der Basisbibel   17

1.4 Selbstsorge und Verantwortungsübernahme –
Annäherungen aus biblischer Perspektive anhand
von Markus 6, 30-44   18

1.5 Selbstsorge und Verantwortungsübernahme –
Annährungen aus systematisch-theologischer Perspektive   27

Teil 2 – Drei Fortbildungsvorschläge   34

2.1 Den Sinn für das schärfen, was möglich ist   35

2.2 Getragen einander tragen   42

2.3 Jetzt brauch ich aber erst mal einen Kaffee!   46

Teil 3 – Methodenbeispiele   **54**

3.1 Positiv tratschen   **54**

3.2 Kompetenzen sammeln und weitergeben   **56**

3.3 Tragen und getragen werden   **57**

3.4 Danke sagen – mit einer Praline   **61**

3.5 Test der eigenen Energiebilanz   **63**

3.6 Power Posing   **68**

3.7 Sinn finden – Kraft schöpfen   **69**

3.8 Körper-Scan-Meditation   **74**

3.9 Neinsagen lernen   **75**

3.10 Wegzehrung   **77**

3.11 Wendung der Sichtweise   **79**

3.12 Schritteübung   **82**

3.13 Die eigene Motivation spüren   **84**

3.14 Den Sinn für das Mögliche schärfen   **86**

3.15 Die Speisung der 5000 (Nacherzählung)   **88**

3.16 Segen   **92**

Autor*innen   **94**

Einleitung

Manchmal sind die eigenen Akkus einfach leer. Vielleicht haben Sie das ja im letzten Jahr an sich selbst erfahren, es von anderen gehört oder bei Ihren Kolleg*innen beobachtet. Corona hat es uns auch nicht gerade leichter gemacht. Es ist an der Zeit, die eigenen Kraftreserven wieder aufzufüllen, sich an Kraftquellen anzudocken, die der Seele und dem Körper gut tun.

In diesem Material finden Sie Fortbildungs-Module, die Mitarbeitende in der Diakonie in ihrer alltäglichen Spannung zwischen Selbstsorge und Verantwortungsübernahme begleiten. Auf vielfältige und kreative Weise ermutigen die Entwürfe, die beruflichen und existentiellen Erfahrungen zu reflektieren und sie auf neue Weise wahrzunehmen.

Die existentielle Erfahrung wird dabei mit einem Bibeltext zusammengebracht. Wenn ein Bibeltext und die eigene Alltagserfahrung miteinander ins Gespräch kommen, kann es passieren, dass sich neue und ungeahnte Aspekte in beiden eröffnen.

Bibeltexte eignen sich hervorragend dafür, in der je eigenen Situation aktualisiert gelesen und verstanden zu werden. Dafür sind kreative Methoden wie ein Spaziergang durch den Text oder eine ausschmückende Nacherzählung des Textes hilfreich. Wenn man den Bibeltext auf diese Weise ernst nimmt, beleuchtet er die alltägliche Situation neu. Der Dialog zwischen Text und Situation lockt die eigene Wahrnehmung in verheißungsvolle und segensoffene Bereiche.

So tritt die existentielle Spannung von Selbstsorge und Verantwortungsübernahme in einen konstruktiven Dialog mit der Erzählung von der Speisung der 5000 (Markus 6,30-44). Der Bibeltext beleuchtet Aspekte von Selbstsorge und Verantwortungsübernahme: wahrnehmen, was möglich ist (Möglichkeitssinn), Sabbat und Pause, die Perspektive auf die Situation wechseln, Verantwortung übernehmen und teilen, getragen sein, abgeben können. Die vorliegenden Fortbildungs-Module legen den Schwerpunkt jeweils auf einen dieser Aspekte.

Im Dialog zwischen Lebens-Situation und biblischem Text finden Mitarbeitende neue Perspektiven auf ihr eigenes Handeln und Erleben. So stärkt dieser Dialog sie in ihrer Person und Arbeit. Das unterstützt nicht nur die Diakonische Profilbildung von Einrichtungen, Werken und Verbänden, sondern vor allem die Deutung und Wertschätzung der individuellen diakonischen Leistung der einzelnen Mitarbeitenden.

Das vorliegende Material wendet sich an die Durchführenden von Fortbildungen für Mitarbeitende in diakonischen Einrichtungen. Es ermöglicht den Durchführenden zunächst, sich schnell und fachlich versiert in beide Erfahrungswelten einzudenken. Die existentielle Situation wird aus diakonischer und psychologischer Perspektive beleuchtet. Der Bibeltext wird exegetisch und systematisch-theologisch unter der besonderen Fragestellung der diakonischen Situation aufgeschlüsselt.

Nach dieser prägnanten Einführung bietet das Material drei unterschiedliche Entwürfe für je eine Tagesveranstaltung als Fortbildung für diakonische Mitarbeitende an. Jede der Veranstaltungen hat einen unterschiedlichen Schwerpunkt, der jeweils den Ausführungen vorangestellt erklärt wird.

Die Struktur der Tagesveranstaltungen ist transparent und in sich stringent konzipiert – aber die Module stellen natürlich nur jeweils eine Variante vielfältiger Zugänge und Methoden dar. Die Vorschläge sind so erarbeitet, dass sie eins zu eins umgesetzt werden können. Aber genauso gut können untereinander Module ausgetauscht oder durch eigene Methoden ergänzt werden. Darum haben sich die Autor*innen dieses Buches um Methodenvielfalt bemüht.

Die Formen, in denen Situation und Bibeltext aufeinander bezogen werden, sind genauso unterschiedlich wie die Art und Weise der Annäherung an die Alltagserfahrung und deren Reflexion. Schauen Sie als Durchführende darauf, welche Methode und welcher Aufbau für Sie und für Ihre Gruppe stimmig ist. Was bei manchen Gruppen öffnend und vertrauensbildend empfunden wird, ist für andere Menschen bereits übergriffig und überfordernd. Und: Jede Gruppe hat ihr eigenes Tempo.

Die vorgestellten Entwürfe setzen eher eng getaktete Impulse. Überlegen Sie sich am besten vorher, welche Impulse Sie eher als „didaktische Reserve" bestimmen und welchen Impulsen Sie gegebenenfalls mehr Raum geben wollen.

Um die Methodenauswahl zu erleichtern, sind im Anschluss an die drei Entwürfe noch einmal alle Methoden ausführlich dargestellt. Hier finden Sie auch Informationen über Vorbereitungsaufwand sowie das für die Durchführung notwendige Material (oder Informationen dazu, wo man dieses Material bekommen kann).

Hilfreich für die Durchführung der Fortbildung und wertsteigernd für die Erfahrung der Teilnehmenden wird das Buch durch ein Begleitheft ergänzt (zu beziehen beim Neukirchener Verlag unter der ISBN 9783761568026) Das Begleitheft für Teilnehmer*innen enthält den Bibeltext, eine mit der Situation spielende, kreative Nacherzählung des Textes, Fragebögen zur Wahrnehmung der eigenen Situation, Segenstexte u. a.

Diese Materialien sowie Textbausteine für ein Teilnahmezertifikat finden Sie auch auf: www.mi-di.de/themen/kraftquellen.

Die Fortbildungen möchten den Teilnehmenden Wege zu ihren Kraftquellen eröffnen. Wir wünschen Ihnen, dass Sie und die Teilnehmenden durch die gemeinsamen Erfahrungen gesegnet und gestärkt werden und dass Sie die faszinierende Erfahrung machen, wie inspirierend der Dialog zwischen Bibeltexten und alltäglicher diakonischer Erfahrung sein kann.

Diese „Kraftquellen" sind auf Fortsetzung hin angelegt. Einmal jährlich wird in der Reihe „Kraftquellen" ein Buch für die Durchführenden, ergänzt durch ein Begleitheft für Teilnehmer*innen, erscheinen. Sie halten die Pilot-Ausgabe in den Händen. Natürlich sind wir gespannt, wie sich das Material in der Praxis bei Ihnen bewährt. Daher würden wir uns über eine Rückmeldung von Ihnen unter info@mi-di sehr freuen. Wir wünschen Ihnen für die Umsetzung viel Erfolg, Gewinn und Gottes Segen,

Ihr Kraftquellen-Team

Teil 1 – Annäherungen

1.1 Selbstsorge und Verantwortungsübernahme – Annäherungen an die Situation im diakonischen Alltag

„Menschen machen Fehler", sagt der leitende Oberarzt einer kardiologischen Abteilung eines großen Diakoniekrankenhauses, und es hört sich an, als plädiere er für eine größere Fehlerfreundlichkeit in seinem Haus. Dann aber fährt er fort: „Das gilt für alle, nur für uns nicht; denn wenn *wir* einen Fehler machen, endet das tödlich." Der Druck, den er spürt, ist in seiner Stimme zu hören. Der jungen OP-Schwester neben ihm steigen Tränen in die Augen. Sie weiß, wie sich das anfühlt. Alle anderen im Raum nicken. Die Verantwortung, die sie für das Leben von Menschen haben, macht sich bisweilen im Magen bemerkbar oder auch in schlechtem Schlaf.

Wenn Mitarbeitende aus Krankenhäusern, in Beratungsstellen, der stationären oder ambulanten Altenhilfe, aus Hospizen, psychiatrischen Einrichtungen, aus Einrichtungen für Menschen mit Behinderungen, Einrichtungen der Jugendhilfe, der Wohnungslosenhilfe oder der Straffälligenhilfe in privaten Begegnungen von ihrer Arbeit erzählen, hören sie oft: „Das könnte ich nicht." Sie aber, die sich täglich in diesen Kontext begeben, müssen das können, weil es ihre Aufgabe ist und weil es Menschen in unserer Gesellschaft geben muss, die die Verantwortung für Menschen übernehmen, die Hilfe brauchen. Die Reaktion der Umwelt aber macht deutlich: Wer im diakonischen Kontext arbeitet, erlebt einen Alltag, von dem viele Menschen sagen, dass sie sich diesem nicht aussetzen könnten oder es vielleicht auch gar nicht wollten. Sie müssen „Normalität" gestalten, wo andere kaum Normalität erkennen. Sie müssen Not ansehen und die eigene Hilflosigkeit aushalten, wenn sie nicht helfen können. Sie müssen Ausscheidungen und Gerüche ertragen, vor denen sich die meisten ekeln. Sie erkennen Schönheit in Menschen, die viele nicht sehen können. Sie erleben Verhaltensweisen, die andere befremden oder sogar abstoßen. Sie gehen unermüdlich in Beziehung, obwohl die Möglichkeiten durch mannigfaltige Handicaps eingeschränkt sind.

Helfen dient dem Einzelnen und Helfen dient der Gesellschaft als ganzer. Neurowissenschaftler behaupten sogar, Helfen mache glücklich. Einander zu helfen sei (im Unterschied zu darwinistischen Ansichten, nach denen jeder danach strebe zu gewinnen, weil nur die Stärksten den Kampf ums Leben gewinnen) evolutionär im Menschen verankert. Altruistisches Handeln werde mit Glückshormonen belohnt.[2] Nächstenliebe, die Sorge um den Anderen, gehört demnach zum Menschsein dazu: Ich gebe Hilfe und ernte Dank, ich habe das gute Gefühl, etwas Sinnvolles getan zu haben. Die Resilienzforschung seit Antonovsky hat gezeigt; Sinn in dem zu erfahren, was wir tun, stärkt gegenüber den Widrigkeiten des Lebens.[3]

Menschen in helfenden Berufen müssten also glückliche Menschen sein. Und *eigentlich* sind sie das auch. Eigentlich. Wenn nur dieser Druck, diese hohe Erwartungshaltung und die dauernde Erschöpfung nicht wären.

Wenn wir Mitarbeitende in diakonischen Einrichtungen fragen: „Warum habt Ihr euch mal diesen Beruf ausgesucht?", hören wir Antworten, die von persönlichem Berührtsein sprechen und große Leidenschaft verraten: Da war die Großmutter, die zuhause gepflegt wurde, und das war irgendwie schön. Da war die Mutter, die auch schon in der Pflege gearbeitet hat, das hat beeindruckt. Da war der Bruder mit einer Behinderung, der einem bisher unbekannte Perspektiven auf die Schönheit des Lebens gezeigt hat. Da gab es Erfahrungen in der eigenen Jugend, die sie dazu gebracht haben, Sozialarbeiterinnen zu werden oder Erzieher. Da hat es zunächst einen anderen Beruf gegeben, der aber nicht erfüllt hat: „Und dann habe ich entdeckt: Ich will mit Menschen arbeiten und ich bin Heilerziehungshelfer geworden."

---

2 Vgl. Bauer, Joachim: Prinzip Menschlichkeit. Warum wir von Natur aus kooperieren, München 2008. Vgl. Bendikowski, Tilmann: Helfen. Warum wir für andere da sind, München 2016.
3 Vgl. Antonovsky, Aaron: Unravelling the mystery of health. How people manage stress and stay well, San Francisco 1987. Ins Deutsche übersetzt und herausgegeben von Franke, Alexa: Salutogenese. Zur Entmystifizierung der Gesundheit (Forum für Verhaltenstherapie und psychosoziale Praxis 36), Tübingen 1997.

Und wenn wir fragen: „Was liebt ihr an euerm Beruf?", dann antworten sie: „dass ich Menschen helfen kann. Und die Dankbarkeit, die einem dann entgegengebracht wird."

Die Mitarbeitenden in den diakonischen Einrichtungen bringen neben ihrer hohen fachlichen Qualifikation auch ein hohes Maß an Herzenswärme für die ihnen anvertrauten Menschen mit und engagieren sich mit Leidenschaft. Und sie leiden entsprechend, wenn das, weswegen sie diesen Beruf einmal ergriffen haben, kaum noch zum Zuge kommt. Zeitdruck, Arbeitsverdichtung, Personalmangel verhindern an vielen Stellen, so zu arbeiten, wie sie es eigentlich wollen und wie es die eigene Fachlichkeit empfiehlt. Hinzu kommen fortwährende Veränderungen im System, die fehlende gesellschaftliche Anerkennung, eine vergleichsweise schlechte Bezahlung und auch atmosphärische Störungen im kollegialen Miteinander oder im hierarchischen Gefüge. Das Gleichgewicht von Geben und Nehmen, von Anstrengung und Glückserfahrung ist bei vielen dieser engagierten Menschen empfindlich gestört. Bei vielen stellt sich dann das Gefühl ein: „Das, was ich hier mache, ist nicht mehr das, wofür ich mal angetreten bin." Das geht auf Dauer an die Substanz: „Egal, was wir tun, es reicht nie", sagt eine Altenpflegerin. „Manchmal sitze ich dann zuhause und ich fühl mich nur noch leer. Obwohl alles weiter in mir rattert. Wie in so einem Hamsterrad."

Doch wie herauskommen aus diesem Hamsterrad-Gefühl? Welche Form der Selbstsorge brauchen Menschen, die in diesen Berufen arbeiten, um unter den gegebenen Bedingungen weiter und wieder gut für andere da sein zu können – und eben auch für sich selbst? Wie kann es gelingen, dass sie in ihrer Arbeit wieder mit dem „antreten können", was sie eigentlich können? Wie können sie wieder die Leidenschaft spüren, mit der sie einmal angefangen haben? Wie können sie der Verantwortung, die sie tragen, und dem Druck, dem sie ausgesetzt sind, besser begegnen? Wie kommen sie wieder zu mehr Kraft?

Kurzum: Wie können Mitarbeitende in diakonischen Einrichtungen (wieder) zu der Erfahrung gelangen: Es ist gut. Das, was wir tun, reicht weiter, als wir manchmal meinen. So dass die, die helfen, und die, die Hilfe benötigen, wieder einander sagen können: Was für ein Glück, dass es dich gibt!

1.2 Selbstsorge und Verantwortungsübernahme – Annäherungen aus psychologischer Perspektive

Selbstsorge ist im Berufsleben zu einem wichtigen Thema geworden. Psychologische Konzepte und theoretische Überlegungen sind aus dem Boden geschossen, sodass man schnell den Überblick verlieren kann. Folgende Konzepte haben sich in der Praxis von Unternehmen bewährt:

- 1. Salutogenese
- 2. Resilienz
- 3. die Säge schärfen
- 4. Energiemanagement

Etwas tiefer muss man graben, um psychologische Theorien zum Thema Verantwortungsübernahme zu finden. Vorreiter in diesem Bereich war Alfred Adler. Moderne Konzepte beziehen sich oft auf ihn.

Dieser Beitrag beginnt mit einer Kurzdarstellung zum Thema Verantwortungsübernahme und konzentriert sich dann auf die Darstellung der vier Ansätze im Bereich Selbstsorge. Diese Ansätze lassen sich problemlos in geeignete Methoden übersetzen.

A) VERANTWORTUNGSÜBERNAHME

Alfred Adler hat im Rahmen psychologischer Theoriebildung mit seiner Individualpsychologie ein optimistisches und auf Selbstverwirklichung ausgerichtetes Menschenbild skizziert. Im Mittelpunkt steht die Selbstverwirklichung als individuelle und schöpferische Zielsetzung: Es gibt eine Melodie, die als durchgehendes Thema das Erleben und Verhalten eines Menschen prägt. Der wichtigste Begriff seines Denkens ist der des Gemeinschaftsgefühls. Menschen haben die Fähigkeit zu Güte und Großzügigkeit und sind auf Gemeinschaft im Denken und Handeln ausgerichtet. Daher sind Menschen auch darauf angelegt, Verantwortung zu übernehmen. Etwas für andere zu tun, trägt auch zum eigenen Selbstwertgefühl bei.

Diese Orientierung an Selbstverwirklichung und Verantwortungsübernahme findet sich auch in späteren psychologischen Theorien, zum Beispiel in der humanistischen Psychologie bei Abraham Maslow, in der Gestaltpsychologie bei Fritz Pearls und der Logotherapie bei Victor E. Frankl.

Verantwortungsübernahme gehört zum Menschsein dazu. Die Übersteigerung birgt Gefahren für Gesundheit, Selbstbewusstsein und Selbstverwirklichung. In den 1970er Jahren wurde als psychologisches Konzept das „Helfersyndrom"[4] populär, um Gefahren von Selbstaufopferung aufzuzeigen.

B) SELBSTSORGE

Dem Thema Selbstsorge wird in den letzten zehn Jahren sehr viel Aufmerksamkeit zuteil, vor allem auch deshalb, weil die Erkrankungen durch Überlastungen stark zugenommen haben. Es ist schon fast ein geflügeltes Wort und schnell zu sagen: „Ich habe Burn-out." Mit dieser Behauptung sollte man sehr vorsichtig sein, weil dahinter sich oft eine schwere Depression verbirgt. Tatsache ist aber, dass sich viele Menschen überfordert fühlen, was zu dem Thema Selbstsorge, im Sinne von: „Was kann ich für mich tun, um nicht zu erkranken?", führt. Daraus haben sich einige wichtige und hilfreiche psychologische Ansätze entwickelt.

1. Salutogenese

Bei der Salutogenese steht die Frage im Vordergrund: Was hält uns gesund? Und nicht: Was macht uns krank? Welche Faktoren sind dabei wichtig, und worauf muss ich achten?

Der Begründer der Salutogenese, Anton Antonovsky, hat folgende wichtige kognitive Bewältigungsstrategien identifiziert:
- Kohärenz: Ich erlebe mein Leben als stimmig und habe ein Gefühl des Widerstands gegenüber Herausforderungen entwickelt.
- Verstehbarkeit: Ich glaube, meine Umwelt zu verstehen und dass andere Menschen mich verstehen.
- Handhabbarkeit: Ich akzeptiere Veränderungen als Norm. Ich glaube, Probleme und Schwierigkeiten meistern zu können. Ich bin von der Wirkung meines Handelns überzeugt.

---

4 Vgl. Schmidbauer, Wolfgang: Die hilflosen Helfer, Über die seelische Problematik der helfenden Berufe, Hamburg 1977.

- Sinnhaftigkeit: Ich halte mein Leben und mein Tun für sinnvoll.

Diese Faktoren stellen generalisierte Widerstandsressourcen dar. Das Wort Salutogenese setzt sich aus den lateinischen Begriffen Salus (Unversehrtheit) und Genese (Entstehung) zusammen. Die oben genannten Strategien helfen dabei, gesund zu bleiben. Was heißt das konkret?

Gesundheit ist ein lebenslang zu gestaltender Prozess. Man muss immer wieder neu erproben, welches Verhalten hilfreich ist, um besonders in schwierigen Situationen nicht die Handlungsfähigkeit zu verlieren. Die oben genannten Faktoren wirken Ohnmachtsgefühlen und Hilflosigkeit entgegen.

2. Resilienz

Bei Menschen, die besonderen Belastungen ausgesetzt sind, wie Krebserkrankungen, Arbeitsplatzverlust oder sogar furchtbare Erfahrungen in Konzentrationslagern, zeigt sich, dass etwa zwei Drittel dauerhaft psychisch erkranken, während ein Drittel trotz allem psychisch gesund bleibt. Was unterscheidet dieses Drittel von den anderen? Es konnten sieben wichtige Faktoren identifiziert werden:

1. Optimismus: Wer eine Krise bewältigt, glaubt daran, dass Krisen zeitlich begrenzt sind und überwunden werden können.
2. Akzeptanz: Wenn man den schmerzlichen Tatsachen ins Auge sehen kann, kann man weitere Schritte unternehmen.
3. Lösungsorientierung: Welche möglichen Lösungen gibt es für die gegenwärtige bedrohliche Situation? Wie gehe ich mit dem Stress um, der die Situation begleitet?
4. Die Opferrolle verlassen: Nur wer sich auf seine Stärken besinnt und die Realität angemessen interpretiert, kommt wieder auf die Füße.
5. Verantwortung übernehmen: Zu resilientem Verhalten gehören die Verantwortung und die Reife, Verantwortung für das eigene Tun zu übernehmen.
6. Zukunftsplanung: Es gilt, das eigene Entwicklungspotential auszuloten und sich gut auf Wechselfälle des Lebens vorzubereiten.
7. Netzwerkorientierung: Resiliente Menschen verfügen über ein stabiles soziales Umfeld. Um dieses aufzubauen und zu pflegen, muss man aktiv sein.

Zu diesen sieben Faktoren gehören entsprechend sieben Kompetenzen:

1. Gedanken beobachten: In schwierigen Situationen sollte man darauf achten, welche Gedanken Unwohlsein auslösen und wie realistisch sie sind. Wichtig ist es, die Gedanken aufzuschreiben und zu untersuchen.

2. Denkfallen identifizieren: Wenn man sich häufig von einem hilfreichen Denkmuster abbringen lässt, zum Beispiel wenn man sich für einen Fehlschlag immer allein die Schuld gibt, sollte man diese Denkfehler korrigieren.

3. Eisberg-Überzeugungen aufspüren: Es gibt tiefsitzende Überzeugungen, wie sich Menschen verhalten sollten und wie Dinge gemacht werden sollten. Diese Eisberg-Überzeugungen beeinflussen unbewusst unser Denken, Fühlen und Handeln. Sie sollten aufgespürt und überprüft werden, weil sie situationsunangemessen sein können.

4. Problemkompetenz trainieren: Problemanalyse und Lösungssuche sollten immer wieder überprüft werden, damit sie nicht starr werden.

5. Katastrophendenken stoppen: Einen konkreten Plan zur Krisenbewältigung zu machen, hilft, nicht immer an das Schlimmste zu denken.

6. Beruhigen und fokussieren: Eine gute Entspannungstechnik hilft, um in Krisensituationen die notwendige Impulskontrolle vorzunehmen.

7. Resilienz-Techniken in Echtzeit praktizieren: Im Arbeitsalltag sollten schädliche Gedanken sofort durch angemessene Gedanken ersetzt werden.[5]

3. Die Säge schärfen

In dem Weltbestseller „Die sieben Wege zur Effektivität" von Stephen Covey gibt es das Kapitel „Die Säge schärfen." Es beginnt mit einer kleinen Geschichte: „Nehmen wir an, Sie laufen durch den Wald und treffen auf einen Mann, der fieberhaft daran arbeitet, einen Baum umzusägen. ‚Was machen Sie da?' fragen Sie. ‚Das sehen Sie doch', antwortet er ungeduldig. ‚Ich säge an diesem Baum.' ‚Sie sehen erschöpft aus! Wie lange sind Sie denn schon zugange?' ‚Über 5 Stunden' sagt er ‚und ich bin K. O.! Das ist harte Arbeit.' ‚Warum machen Sie dann nicht ein paar Minuten Pause und schärfen die Säge? Ich bin sicher, dass es dann viel

---

5 Zusammengefasst aus: Reivich, Karen / Shatté, Andrew: The Resilience Factor. 7 Keys to finding your inner strength and overcoming life's hurdles, Portland 2002.

schneller ginge.' ‚Ich habe keine Zeit, die Säge zu schärfen‘, sagt der Mann energisch, ‚ich bin zu sehr mit dem Sägen beschäftigt.‘"

Das Schärfen der Säge bezieht sich auf vier Dimensionen:
- physisch – Bewegung, Ernährung, Stressmanagement
- sozial emotional – dienen, Mitgefühl, Synergie, intrinsische Sicherheit
- spirituell – Klärung der Werte und Verpflichtung, Lernen und Meditation
- mental – lesen, visualisieren, planen, schreiben

Die meisten Lebensphilosophien, Motivations- und Organisationstheorien berücksichtigen diese vier Dimensionen. Alle vier Dimensionen unseres Seins müssen trainiert werden, regelmäßig und konsequent, in weiser und ausgewogener Form.

4. Energiemanagement

Ein weiteres hilfreiches Konzept für die Selbstsorge ist das Energiemanagement. Danach speist sich die Energie aus vier Quellen: Körper, Emotionen, Verstand und dem Empfinden für Sinnhaftigkeit. Man kann sich mithilfe eines Tests hinsichtlich der vier Faktoren einschätzen und damit feststellen, woran man arbeiten muss.

Um körperlich gesund zu bleiben, sind Pausen, Bewegung, Ernährung und Schlaf wichtig.

Die eigenen positiven Emotionen speisen sich aus einer positiven Einstellung, Humor, tiefer Atmung, einer guten Feedback-Kultur und der Fähigkeit, Geschichten des Lebens aus positivem Blickwinkel zu erzählen.

Der Verstand als Quelle von Energie wird unter anderem gestärkt durch Rituale und habituelle Verhaltensweisen, die Ruhe, Konzentration und Fokussierung fördern und unterstützen.

Wenn Menschen Sinn in ihrem Leben und Handeln erleben, sind sie standfester, ausgeglichener und widerstandsfähiger. Dabei spielen die eigenen Werte und auch der Glaube eine große Rolle.

Im Umsetzungsteil dieses Handbuchs werden Sie viele Übungen zur Förderung von Selbstsorge finden.

1.3 Die Speisung der 5000 – Der Bibeltext aus Markus 6, 30-44 in der Übersetzung der Basisbibel

Die Apostel kamen zu Jesus zurück. Sie berichteten ihm alles, was sie getan und gelehrt hatten. Und er sagte zu ihnen: „Kommt mit an einen ruhigen Ort, nur ihr allein, und ruht euch ein wenig aus." Denn ständig kamen und gingen die Leute und sie fanden nicht einmal Zeit zum Essen. So fuhren sie mit dem Boot an eine abgelegene Stelle, um für sich allein zu sein. Die Leute sahen, wie sie abfuhren, und viele erkannten, wo sie hinwollten. So strömten sie auf dem Landweg aus allen umliegenden Orten herbei und kamen noch vor ihnen dorthin. Als Jesus ausstieg, sah er die große Volksmenge und bekam Mitleid mit den Menschen. Sie waren wie Schafe, die keinen Hirten haben. Und er redete lange zu ihnen. So vergingen viele Stunden. Da kamen seine Jünger zu ihm und sagten: „Es ist eine einsame Gegend hier und es ist sehr spät. Lass doch die Leute gehen. Dann können sie zu den umliegenden Höfen und in die Dörfer ziehen, und sich etwas zu essen kaufen." Aber Jesus antwortete ihnen: „Gebt ihr ihnen etwas zu essen." Da sagten sie zu ihm: „Sollen wir etwa losgehen und für zweihundert Silbermünzen Brot kaufen und es ihnen zu essen geben?" Jesus fragte sie: „Wie viele Brote habt ihr dabei? Geht und seht nach." Als sie es herausgefunden hatten, sagten sie: „Fünf, und zwei Fische." Und er ordnete an: „Alle sollen sich in Gruppen zum Essen im grünen Gras niederlassen." So lagerten sich die Leute in Gruppen zu hundert oder zu fünfzig. Dann nahm Jesus die fünf Brote und die zwei Fische. Er blickte zum Himmel auf und sprach das Dankgebet. Dann brach er die Brote in Stücke und gab sie seinen Jüngern, die sie verteilen sollten. Auch die zwei Fische ließ er an alle austeilen. Alle aßen und wurden satt. Sie sammelten noch zwölf Körbe voll mit den Brot- und Fischresten. Es waren fünftausend Männer, die von den Broten gegessen hatten.

1.4 Selbstsorge und Verantwortungsübernahme – Annäherungen aus biblischer Perspektive anhand von Markus 6, 30-44

Warum ein Bibeltext?

Selbstsorge hat viele Dimensionen. Neben der Aufmerksamkeit auf das eigene körperliche Wohlergehen gibt es auch eine spirituelle Ebene in uns, die liebende Achtsamkeit braucht. Um gute Wege der spirituellen Selbstsorge zu finden, kann es sich lohnen, die geistlichen Quellen zu befragen, die uns zur Verfügung stehen. Eine davon ist die Bibel. Sie ist voller Erfahrungen menschlicher Bedürftigkeit und menschlicher Fürsorge. Sie erzählt von göttlicher Zuwendung. Sie bezeugt Gottes Leidenschaft für die Menschen. Diese Geschichten modellieren Sichtweisen, Handlungsoptionen oder Interpretationsmuster, die uns dabei helfen, uns und anderen liebevoll und achtsam zu begegnen. Sie betonen die Möglichkeit von positiver Veränderung und nähren die Hoffnung auf eine lebensfördernde Welt.

Warum dieser Bibeltext?

Der Autor des Markusevangeliums, den die kirchliche Tradition später Markus genannt hat, um sein Evangelium von den anderen zu unterscheiden, hatte eine ähnliche Motivation, sich mit den kursierenden Berichten und Geschichten über Jesus zu beschäftigen, wie wir. Er hat sie aufgeschrieben, weil er davon überzeugt war, dass diese Geschichten für seine Mitmenschen wichtig sind, und er hat sie in spezieller Weise zusammengestellt, so dass die Geschichten auf die Herausforderungen seiner Gegenwart zugeschnitten sind. Markus nennt sein Vorhaben „Evangelium von Jesus Christus". Dieser Titel ist Programm. „Evangelium" ist bis zu Markus ein politischer Begriff. Ein (neuer) Herrscher gibt seinem Volk bekannt, dass und wie es nun von ihm regiert wird. Markus behauptet also, Jesus Christus sei ein Herrscher. Das „Reich Gottes" ist ein zentraler Begriff bei ihm. Wo Jesus ist, da ist dieser Bereich, in dem Gott das Sagen hat, in dem Gottes Wille Gültigkeit besitzt und sich durchsetzt und in dem auch die weltlichen Herrscher diesem göttlichen Willen unterstehen. Was Gott will, kann man an Jesus ablesen: Er vertreibt Dämonen, die Menschen in menschenunwürdigen Lebensumständen gefangen halten, heilt Kranke, isst mit den Außenseitern, redet mit den Übersehenen, spricht Klartext, kämpft für Gerechtigkeit, er sieht hin und wendet sich seinen Mitmenschen voller Erbarmen zu. Als Messias bringt Jesus nicht bloß Heilung für die Seele, sondern schafft ein neues Sozialgefüge. Er streitet mit den Machthabern und stellt Gerechtigkeit in den Mittelpunkt.

Diese hoffnungsvolle Botschaft von Jesus als dem Messias wird aber von Markus in einer Zeit erzählt, in der das realpolitische Geschehen der Botschaft Hohn spricht. Markus hat sein Evangelium etwa im Jahr 70 n. Chr. geschrieben. Es herrschen chaotische politische Zustände, Terrorismus, Machtkämpfe der Eliten, Unsicherheit. Eine Hungersnot im Jahre 46–48 n. Chr. ist noch im Gedächtnis ebenso wie der galiläische Aufstand 67 n. Chr., der blutig und vernichtend endete. Die Aufständischen, die nicht in der Schlacht selbst fielen, ertranken im See Genezareth oder sie begingen kollektiven Selbstmord. Der jüdische Krieg endete 70 n. Chr. mit der Zerstörung Jerusalems und des Tempels. Das Land glich einer Trümmerlandschaft, ein Drittel der Bevölkerung ist umgekommen, nahezu 100 000 Menschen wurden versklavt, weitere Teile der Bevölkerung wanderten aus. Der Grundbesitz der Gefallenen, Versklavten und Ausgewanderten ging auf Rom über. Weite Teile der Bevölkerung hatten kein eigenes Land zur Bewirtschaftung mehr.

Markus stellt auf dem Hintergrund in bedrängender Weise die Frage: Was kann man jetzt noch Positives von der Zukunft erwarten? Und was kann man in dieser Situation *realistischerweise* von Jesus Christus erwarten? Damit verbunden ist die Frage danach, wer dieser Jesus Christus eigentlich ist. Und darüber hinaus steht die Frage im Raum, ob das eine Bedeutung für uns haben kann.

Markus tut das, indem er Geschichten erzählt. Sein Evangelium endet ursprünglich damit, dass die Jünger nach dem katastrophalen Tod Jesu und nach der verstörenden Nachricht, er sei auferstanden, verschreckt verstummen.

Und auch diese Geschichte erzählt Markus im Zusammenhang mit der Ermordung von Johannes dem Täufer. Wenn Markus, wie hier beim Erzählen, eine „Sandwich-Taktik" verwendet, also eine Geschichte mit einer anderen unterbricht, dann soll die eingebettete Geschichte die Geschichte, die sie umgibt, erklären und aus einem bestimmten Blickwinkel deuten.[6]

Johannes, der wortgewaltige Kämpfer für Gerechtigkeit, ist ermordet worden, von dem ungerechten Machthaber Herodes, bei einem Fressgelage. Mit dieser deprimierenden Geschichte unterbricht Markus die Erzählung vom erfolgreichen Vorgehen der Jünger Jesu gegen Dämonen und Krankheiten, von der Zuwendung und dem Erbarmen Jesu den Menschen gegenüber, die zu ihm kommen.

Welche Chance hat Jesus denn, angesichts solcher Despoten? Was können wir Kleinen schon tun? Worauf kann man hoffen? Was kann man erwarten? Von einem Messias, der selber wenig bis nichts hat, der am Ende auch nur am Kreuz stirbt?

Luzia Sutter Rehmann schreibt in ihrem Buch: „Wut im Bauch. Hunger im Neuen Testament" zu der Geschichte aus Markus 6: „Politische Ungerechtigkeit, gepaart mit der Angst vor einer Hungersnot, hat die Menschen zu allen Zeiten auf die Straße gebracht." Und sie zitiert Dorothee Sölle, die in übertragener Weise vom spirituellen Hunger schreibt: „Der wirkliche Hunger ist anders. Nicht ein spielerisches Interesse daran, diese oder jene Tradition zu beschnuppern, treibt die Suche nach essbarem mystischen Brot voran. Sie wächst vielmehr mit jeder neuen Niederlage Gottes, jeder weiteren Zerstörung der Erde und ihrer Bewohner."[7]

Markus erzählt von Jesus auf dem Hintergrund spannungsvoller Zusammenhänge, die sich auch in Markus 6 wiederfinden lassen: Die Veränderung gesellschaftlicher Strukturen, die Beseitigung konkreter Missstände, die Behebung von Hunger und Krankheit gehören genauso in das Reich Gottes wie die Fürsorge für spirituell-geistliche und emotionale Bedürfnisse. Die realistische Situationsanalyse steht in Spannung zur Hoffnung

---

6 Vgl. dazu Jens Schröter in ders. / Offermann, Kerstin: Der Tod ist nicht mehr sicher, Texte zur Bibel 28, Neukirchen-Vluyn 2012.
7 Sutter Rehmann, Luzia: Wut im Bauch. Hunger im Neuen Testament, Gütersloh 2014, S. 47 u. 37.

auf Gottes (Jesu) Zuwendung. Der Erzählung alltäglicher Zusammenhänge steht die nüchterne Beschreibung eines Wunders gegenüber – in Markus 6 ist es ein „Geschenkwunder".[8]

Markus konfrontiert die Geschichten von Jesus Christus also mit einer ernüchternden politischen und gesellschaftlichen Gesamtlage. Und dann erzählt er eine Wundergeschichte? Markus flüchtet damit aber nicht einfach in eine magisch herbeigezauberte heile Welt. Er besteht darauf, mit beiden Füßen auf der Erde realistisch wahrzunehmen, was ist. Aber er weigert sich auch, diese bedrängende politische Realität als einzige Realität gelten zu lassen. Wenn Markus Wundergeschichten erzählt, dann erzählt er sie in ganz realistischen Bahnen. Es ist alles sehr alltäglich. Auch die Grenze, an der Menschen stehen, ist beklemmend irdisch. Und dann geschieht zwar etwas Außergewöhnliches, aber es wird in ganz alltäglicher Sprache erzählt. „Solche Geschichten wollen ihre Leser herausfordern, sie provozieren: Vernunft und eigene Erfahrung melden Widerspruch an, aber vor der Aufkündigung der Glaubwürdigkeitspakts warnt die historische Erzählweise und der Kontext der Jesusgeschichte. Auf diese Weise beginnt ein fruchtbarer Prozess des Verstehens."[9] Ruben Zimmermann regt an, dass diese Texte gerade dann angemessen gelesen werden, wenn sie genau das dürfen: uns irritieren. Wundert euch mit diesen Texten! Lasst euch irritieren, fangt an zu staunen! Die Frage nach der Wahrheit der Wunder hat mit unserer Wahrnehmung zu tun. „Wer Gottes Handeln in der Welt verstehen will, der muss provoziert und aufgerüttelt werden. Die Wundererzählungen vermögen deshalb auch heute noch ihre Leser in Irritation und Staunen zu versetzen. Nur wer sich auf diese Störungen einlässt, wer mit ihnen lernt, sich wieder zu wundern, der kommt der Wahrheit näher."[10]

Was steht denn da?
Der Text beginnt damit, dass die Jünger zu Jesus zurückkommen. Er hatte sie ausgesendet, ihnen einen Auftrag gegeben. Daher werden die Jün-

8 Gnilka, Joachim: Das Evangelium nach Markus (EKK II/1), Neukirchen-Vluyn ³1989, S. 257.
9 Zimmermann, Ruben: Welt und Umwelt der Bibel (2/2015), Jesus der Heiler, S. 16–19.
10 Ebd.

ger hier, zum einzigen Mal bei Markus, „Apostel" (Gesandte) genannt. Sie sollten so wie Jesus und in seinem Namen Dämonen austreiben und Kranke mit Öl salben. Sie sollten, wie er, das Reich Gottes Realität werden lassen. Nun berichten sie – stolz und begeistert vermutlich – „was sie getan und gelehrt haben". Sie haben die eigene Selbstwirksamkeit erleben dürfen. Sie waren mit sich selbst und mit Jesus eins, Wort und Tat stimmten überein. Sie haben die Dämonen ausgetrieben. Dämonen stehen bei Markus als Chiffre für all das, was Menschen vom Leben und von der Nähe zu Gott fernhält: Hunger, Hoffnungslosigkeit, Unrecht, Gewaltherrschaft, Krankheit, Unfreiheit. Das Öl dagegen ist ein Symbol des Königs – des Reiches Gottes. Während die Jünger noch ganz in ihrer Rolle und in ihrem Erfolg aufgehen, sieht Jesus, dass jetzt etwas anderes für sie dran ist. Sie brauchen Ruhe und Nahrung. Sehen die Jünger das auch so? Sie äußern ihr Bedürfnis jedenfalls nicht. Sie nehmen es möglicherweise gar nicht wahr. Es ist eine Versuchung des Erfolgs und der Selbstwirksamkeit, darüber die Selbstsorge zu vernachlässigen, gar nicht mehr wahrzunehmen, dass man auch bedürftig ist – und nicht nur die anderen. Ruhe zu suchen, ist ein guter Plan, aber er ist leider nur bedingt umsetzbar. Die Arbeit holt sie ein. Aber Jesus verschafft den Jüngern Ruhe, indem *er* sich um die Menschen kümmert.

Von Jesus wird hier erzählerisch ein freundliches, zugewandtes Bild gemalt. Er ist der große Kümmerer. Der gute Hirte, der die Menschen veranlasst, sich auf die „grüne Wiese" zu setzen. Das Bild des guten Hirten ist ein Bild für Gott. Und auch das Erbarmen ist ein Gefühl, das die Bibel Gott zuschreibt. Die Frage danach, wer Jesus ist, wird bei Markus erzählerisch gelöst. Jesus ist der, der sich um die Not der Menschen und auch um die Bedürfnisse der Jünger kümmert. Dazu motiviert ihn sein Mitleid.[11]

Was suchen die Leute? Sie kommen in Scharen, auch wenn Jesus offensichtlich vor ihnen flieht. Aber das hält sie nicht davon ab, ihn zu suchen. Offensichtlich suchen und finden sie bei ihm etwas, was sie dringend für

---

11 Vgl. Boehn, Christiane von: Neukirchner Bibel. Die Evangelien, Neukirchen-Vluyn, 2019, S. 169.

sich brauchen. Der Text sagt nicht, was es ist, aber Jesus scheint davon auszugehen, dass sie vor allem Ansprache brauchen, Hoffnung, Trost, Perspektive. Durch seine Worte berührt er sie mit Gottes Nähe und bringt sie in Gottes Reich. Die Menschen scheinen unbesorgt gewesen zu sein, was ihre eigene Versorgung mit Nahrung anbelangt. Wenn sie bei Gott sind, wird der schon – durch Jesus – für ihr Leben sorgen.

Anders als Jesus und die Leute machten die Jünger sich sehr wohl Sorgen. Sie sehen die Menschen als organisatorische Herausforderung und vor allem als Überforderung an. Jesu Aufforderung: „Gebt ihr ihnen zu essen!" versucht den Blick der Jünger von der Orga-Ebene auf die Gefühlsebene zu lenken. Und vom Blick auf das Unmögliche auf das, was möglich ist. Sie stärkt den Möglichkeitssinn,[12] Jesus lässt sie teilhaben an seinem Erbarmen für die Menschen. Er möchte, dass sie auch durch einen liebevollen Blick auf ihre Mitmenschen motiviert werden, nicht durch das sorgenvolle Gefühl der Überforderung oder die Fokussierung auf das Nichtmachbare, auf ein „Das kann doch gar nicht funktionieren!".

1 Denar ist ein üblicher Tageslohn – 200 Denare entsprächen also dem Lohn von sieben Wochen Arbeit und sind wohl mehr, als die Jünger bei sich haben.

„Geht und seht nach!" Damit fordert Jesus die Jünger zu einer ehrlichen Bestandsaufnahme ihrer Möglichkeiten auf. Gegen das raumgreifende Gefühl der Überforderung setzt Jesus Fakten.

Weizen oder Gerstenbrot bilden den Hauptbestandteil des schlichten jüdischen Alltagsessens der armen Bevölkerung, genauso wie gerösteter, gesalzener Fisch.[13]

„Als sie es herausgefunden hatten ...", nach einem Prozess der realistischen Selbstwahrnehmung betonen die Jünger vor allem die fehlenden

---

12 Vgl. Bieler, Andrea: Verletzlichkeit. Leibphänomenologische Erkundigungen im praktisch-theologischen Interesse, EvTheol, 77. Jg., Gütersloh 2017, S. 167–177.
13 Vgl. Gnilka, Joachim: Das Evangelium nach Markus (EKK II/1), Neukirchen-Vluyn [3]1989, S. 260f.

Ressourcen. Die Brote würden auch für sie selbst kaum reichen! Jesus betont, dass sie nur so viel geben sollen, wie sie auch tatsächlich haben. Was sie haben, wird reichen. Das aber ist ein Wunder. Ein Geschenkwunder. Anschließend hatten sie auch für sich selbst mehr als genug. Die Jünger begreifen jetzt, was die Menschen sowieso schon von Jesus erwartet haben und uns auch in Predigten von ihm überliefert ist: „Darum sage ich euch: Sorgt euch nicht um euer Leben, was ihr essen und trinken werdet; auch nicht um euren Leib, was ihr anziehen werdet. Ist nicht das Leben mehr als die Nahrung und der Leib mehr als die Kleidung? Seht die Vögel unter dem Himmel an: Sie säen nicht, sie ernten nicht, sie sammeln nicht in die Scheunen; und euer himmlischer Vater ernährt sie doch. Seid ihr denn nicht viel kostbarer als sie? Darum sollt ihr nicht sorgen und sagen: Was werden wir essen? Was werden wir trinken? Womit werden wir uns kleiden? Denn euer himmlischer Vater weiß, dass ihr all dessen bedürft. Trachtet zuerst nach dem Reich Gottes und nach seiner Gerechtigkeit, so wird euch das alles zufallen." (Matthäus 6)

Jesus holt die Jünger zurück auf die Ebene der Selbstwirksamkeit. Die Aufforderung „Gebt ihr ihnen zu essen" bildet allerdings nur die Hälfte der Realität wieder. Jesus ist ja der eigentliche Akteur. Er gab ihnen, damit sie es weitergeben. Sie dürfen mitmachen, tragen aber nicht die ganze – überfordernde – Verantwortung. Es essen alle. Auch die Jünger. Jetzt ist auch für sie endlich Zeit zu essen, gemeinsam mit den anderen.

Jesus tritt als jüdischer Hausvater auf, der den Dank über das Brot spricht: „Gepriesen bist du, Jahwe unser Gott, König der Welt, der du das Brot aus der Erde hervortreten lässt." Die ganze Szene erinnert an das letzte Abendmahl, das Jesus mit seinen Jüngern feiert. Es eröffnet einen Blick hinter die Kulissen von Zeit und Raum. Auch die Tischordnung zu 100 und 50 lässt an das endzeitliche Gottesvolk denken (so in den Texten von Qumran belegt). Die neue Lebenswirklichkeit des Reiches Gottes ereignet sich in der Tischgemeinschaft mit Jesus.[14] Die Tischgemeinschaft mit Ausgegrenzten, Unvollkommenen und Unwillkommenen ist geradezu ein Kennzeichen der Jesusbewegung. Daher ist es auch sehr wahr-

---

14 Vgl. ebd.

scheinlich, dass unter den Leuten, die sich in Gruppen zusammengesetzt haben, ebenso viele Frauen wie Männer waren, auch wenn Markus sie nicht erwähnt. Ein Hochzeitsmahl ist das häufig von Jesus verwendete Bild für das Leben im Reich Gottes. Da gibt es mehr als genug zu essen, und es wird fröhlich gemeinsam gefeiert. Der Überfluss, der bei dieser Tischgemeinschaft sichtbar wird, ist ein Zeichen des Handelns Gottes. Gottes Zuwendung und Segen schenken Leben im Überfluss.

Die Parallele zum letzten Abendmahl lässt aber auch hier etwas von Jesu Wesen durchscheinen. Jesus gibt sich selbst. Sonst hat er nichts zu geben. Er nimmt das, was die Jünger ihm geben, was sie selbst aber ungenügend finden. In seiner Ohnmacht und Armut wendet sich Jesus an Gott. Gott lässt Jesus nicht hängen und beglaubigt ihn, so wie es auch in der Auferstehung geschieht. Gott stellt sich hinter Jesus und solidarisiert sich mit dem Erbarmen, das Jesus für die Menschen empfindet.

Was hat das mit uns zu tun?

Die Menschen in der Geschichte bekommen verschiedene Bedürfnisse gestillt. Sie brauchen und finden bei Jesus: Herausforderungen, Erfolge, Ruhe, Austausch, eine realistische Selbstsicht, Bescheidenheit, die Möglichkeit, sich an Jesus zu wenden und gehört zu werden, Nahrung, Ansprache, Gemeinschaft, Vertrauen.

Diese Bedürfnisse decken sich durchaus mit den Bedürfnissen heutiger Menschen.

Nach Dorothee Sölle sind „Überlastung, Depression, Isolation, ‚spirituelle Magersucht' im Westen weit verbreitet. Zu wenig Zeit und Gelegenheit haben durchzuatmen, gemeinsam Sinn zu erleben, sinnvolle Arbeit zu leisten, zusammen das Leben zu feiern."[15]

Die Geschichte lässt sich so lesen, dass sie durchsichtig wird für unsere Bedürfnisse und Herausforderungen. Aber auch für unsere Chancen auf

---

15 Sutter Rehmann, Luzia: Wut im Bauch. Hunger im Neuen Testament, Gütersloh 2014, S. 36.

Selbstwirksamkeit und gegenseitige Unterstützung. Das Verhalten Jesu konfrontiert heutige Leser*innen mit der Möglichkeit, mitten in den Herausforderungen offen für die Dimension Gottes zu bleiben und über die eigenen Quellen nachzudenken, aus denen Menschen Kraft schöpfen.

Die realistische Analyse der eigenen Möglichkeiten ist eine Herausforderung. Sie setzt Fakten gegen das lähmende Gefühl der Überforderung und die gedankliche Kapitulation vor dem „es geht alles nicht" und bewahrt davor, mehr geben zu wollen, als man hat. Das wenige, was man hat, vor Gott zu bringen und dafür zu danken, verändert den Blick darauf und relativiert das Gefühl, dass es sowieso nie ausreicht, was ich bin, habe und tue. Und dass ich gegen die Gegebenheiten und die da oben sowieso nicht ankomme.

Allerdings bleibt die Frage, was man denn realistisch erwarten kann. Die von Markus gezeichnete Diskrepanz zwischen Gottes Reich und unserer Welterfahrung bleibt auch für uns bedrängend.

Auch heute machen Bedenkenträger die Absurdität der Situation und die Größe der Aufgabe deutlich: Klimakrise, Flüchtlingskrise, ungerechte und unberechenbare Despoten, Corona, Sachzwänge, Personalnot. Man wünscht sich, mit den Jüngern, dass die Aufgaben verschwinden sollen. Die Diskrepanz zwischen den wenigen Mitteln und der Größe der Herausforderung ruft Erschöpfung hervor. Erschöpfung entsteht aber auch, weil unklar ist, was man realistisch erwarten kann, und aufgrund erfahrener Enttäuschungen. Eine Erfahrung, die sicherlich auch die Jünger von Johannes dem Täufer teilten wie auch die Jünger Jesu am Karfreitag. Die Geschichte ermutigt dazu, trotzdem alles von Gott zu erwarten.

Daraus können sich überschaubare Schritte ergeben, weil die Verantwortung für das Große und Ganze nicht mehr bei mir, sondern bei Gott liegt. Das Reich Gottes wird sich durchsetzen, so wie das Leben an Ostersonntag. Das kann ein Trost sein, auf den hin man leben und handeln kann.

1.5 Selbstsorge und Verantwortungsübernahme – Annährungen aus systematisch-theologischer Perspektive

SCHÖPFUNGSTHEOLOGISCHE ANNÄHERUNG – GETEILTE VERANTWORTUNG UND SABBAT-STRUKTUR

Das Verhältnis von Selbstsorge und Verantwortungsübernahme für andere begründet sich bereits im Schöpfungsgeschehen von Welt und Mensch.

a) Verantwortung

Der Mensch steht als einziges Geschöpf in der ihm selbst bewussten Dreifachbeziehung zu Gott, Mitwelt und sich selbst. Ihm weist Gott die Verantwortung für seine Schöpfung zu (Gen 2,15) und damit eben die Verantwortung für seine menschlichen Mitgeschöpfe. Von Anfang an überträgt Gott dem Menschen diese Verantwortung, die ihn vor allen anderen Geschöpfen auszeichnet und Teil seiner Gottebenbildlichkeit (imago dei) ist. In dieser Verantwortung gründet u. a. die Fähigkeit des Menschen, sein Wirken als sinnhaft und wesentlich wahrzunehmen. Besonders in der diakonischen Tätigkeit bzw. der Sorge um den Nächsten – bzw. in der Bewahrung der Schöpfung – zeigt sich das Sinnhafte der menschlichen Wirksamkeit als Mitarbeit an der Schöpfung Gottes. Diese Verantwortung erfährt zwei Einschränkungen:

1. Gott selbst geht mit dieser Beauftragung des Menschen nicht aus seiner Verantwortung (creatio continua). Der Mensch ist mit-, aber nie alleinverantwortlich, sondern kann sich der Solidarität Gottes in dieser Aufgabe sicher sein und ihn auch darum bitten.[16]

2. Gleichermaßen sind der menschlichen Verantwortung bereits in der Schöpfung Grenzen gesetzt. Der Mensch ist als irdisches Wesen geschaffen, mit natürlichen Möglichkeitsgrenzen. Nicht erst der Sündenfall schränkt ihn in ein, indem seine Existenz zeitlich begrenzt

---

16 Vgl. Pannenberg, Wolfhart: Systematische Theologie. Bd. 2, Göttingen 1991, S. 63ff.

und Arbeit mit Belastungen verbunden wird (Gen 3,17ff.22). Auch im Urstand ist er auf sein Menschsein und die damit verbundenen (Un-) Fähigkeiten begrenzt. Darum kann er *nur* geben, was er selbst empfangen hat. Der ihm zugewiesene Verantwortungsbereich ist im Paradies wie auch in der Gegenwart begrenzt. Seine unterschiedlichen Begabungen und Talente im Arbeitsprozess sind ebenso gottbegründet wie seine Grenzen.

b) Selbstsorge

Daneben impliziert die besondere Geschöpflichkeit des Menschen als „imago dei" – als Ebenbild Gottes – neben seiner Verantwortung für den Mitmenschen und die Mitwelt auch den Zuspruch der besonderen Selbstsorge, die in der Sabbatruhe ihren symbolischen Ausdruck findet. Gott ruht am siebenten Tag (Gen 2,2-3), und er empfiehlt diese bewusste Pause auch dem Menschen (Ex 20,8-11).[17] Diese Form der bewussten Selbstsorge durch Ruhe- bzw. Feiertage zeichnet den Menschen vor seinen Mitgeschöpfen aus und privilegiert ihn. Der symbolische Charakter der Sabbatruhe weist über sie hinaus und begründet begrenzte Arbeits- und Verantwortungszeiten ebenso wie Pausen, Urlaub usw., aber auch Zeit für die Pflege der Selbst- und Gottesbeziehung. Selbstsorge ist Teil der Verantwortung für sich selbst – entsprechend des göttlichen Vorbilds.

CHRISTOLOGISCH-SOTERIOLOGISCHE ANNÄHERUNG – GETROST SCHEITERN UND WUNDER ERLEBEN

Versteht man das Leben der Christin bzw. des Christen und im Besonderen die Arbeit in der Diakonie als Nachfolge Jesu, so verengt sich schnell

---

17 „Wenn Gott selber den Sabbat brauchte, um von seinen Werken zu ruhen, um wie viel mehr braucht die Welt dann den Sonntag!" Jüngel, Eberhard: Referat auf der 4. Tagung der 9. Synode der EKD (7.–12. November 1999, Leipzig), https://www.befg.de/fileadmin/bgs_mission/media/dokumente/EJungel-Einfuhrungsreferat-EKD-Synode-1999-Mission.pdf. Eberhard Jüngel nennt diesen Zustand schöpferischer Sabbatruhe „kreative Passivität", bei der der Mensch in vollkommener schöpferischer Ruhe „Gott den Raum läßt, den Gott sich nimmt, den Gott schafft" und ihn damit öffnet für sein „Gemeinschaft schaffendes Wort" und den „inihm liegenden Möglichkeitssinn." Ders.: Das Evangelium von der Rechtfertigung des Gottlosen als Zentrum des christlichen Glaubens. Tübingen 1998, S. 155. Vgl. auch Koch, Klaus: „Sabbatstruktur der Geschichte". ZAW 95 (1983), S. 403–429.

die Perspektive auf die Verantwortungsübernahme für andere. Dies hat besonders in der Vergangenheit dazu geführt, dass das diakonische Ideal mit einer Form der Selbstaufopferung gleichgesetzt wurde. Der Wilhelm Löhe zugeschriebene Leitspruch für die Diakonissenbewegung des 19. Jahrhunderts: „Mein Lohn ist, dass ich dienen darf" ist sicherlich eine Ursache dafür, dass mit der vermeintlichen Nachfolge Jesu die Selbstsorge zugunsten einer Selbstaufopferung für den Nächsten gelegentlich selbst aufgeopfert wurde. Ein Helfersyndrom oder diakonische Selbstaufopferung sind weder göttlich gewollt noch entsprechen sie heutigen Ansprüchen an die Mitarbeitenden in der Diakonie. Diakonische Nachfolge Jesu bedeutet, aus Freiheit und mit Empathie anderen zu helfen. Wo das in Gefahr steht, scheint die Selbstsorge vernachlässigt zu sein. Die Aufforderung „Einer trage des andern Last, so werdet ihr das Gesetz Christi erfüllen" (Gal 6,2), gilt nicht nur in eine Richtung. Sie impliziert auch die Hilfebedürftigkeit der Helfenden. Die Nächstenliebe Jesu ist Orientierungshilfe, aber keine Arbeitsplatzbeschreibung.

Bei der Forderung zur Nachfolge Jesu muss auf den kategorialen Unterschied zu Jesus verwiesen werden. Christinnen und Christen (und andere Menschen auch) werden immer wieder Momente des Scheiterns erleben, in denen sie sich selbst oder ihrem Nächsten nicht gerecht geworden sind oder nicht gerecht werden konnten. Versagen und empfundene Schuld gehören zur diakonischen Arbeit notwendigerweise dazu und bedürfen der gegenseitigen Anerkennung dieser Erfahrungen.

Umgekehrt gehört es aber auch zur Nachfolge Jesu in der Diakonie, 1. die eigene Selbstwirksamkeit und Sinnhaftigkeit in der und durch die Arbeit zu erfahren, 2. das Überschreiten der eigenen Grenzen durch die Unterstützung der Dienstgemeinschaft zu erfahren – und 3. sogar noch mehr: Momente plötzlichen Glücks, von Heilung, Versöhnung, Akzeptanz u. a., die sich unserem Wirken und unseren Begründungszusammenhängen entziehen, finden statt. Die Bibel verwendet dafür den Begriff des Wunders.

Es ist Teil der Selbstsorge und der Verantwortungswahrnehmung in der Diakonie, dass Mitarbeitende solche Erfahrungen aussprechen, gemeinsam als Team teilen und gemeinsam tragen. Das gilt für alle Arten der

Erfahrung: Versagen, Schuld, Selbst- und Gemeinschaftswirksamkeit und auch die erlebten Wunder.

DIAKONISCH-THEOLOGISCHE ANNÄHERUNG – UNGEPLANTES ALS ROUTINE

Nimmt man die biblische Geschichte, die diesem diakonisch-theologischen Fortbildungstag zu Grunde liegt (Mk 6,30-44), so beschreibt sie gleich am Anfang das von Jesus beabsichtigte Verhältnis von Arbeit und Erholung, von Selbstsorge und Verantwortungsübernahme.

Die Jünger kommen von ihrem Einsatz im Außendienst zurück. Sie haben gepredigt und Kranke besucht (Mk 6,12-13) und sie sind erschöpft. Jesus erkennt das und schickt sie „in die Pause". Sie sollen sich ausruhen und endlich etwas essen, denn dazu sind sie bisher nicht gekommen (Mk 6,31-32). So könnte der Arbeitsalltag für die Jünger ausgesehen haben bzw. so scheint Jesus die Arbeitseinteilung geplant zu haben. Dann geschieht das Ungeplante. Tausende Menschen wollen Jesus hören. Anscheinend sind sie auf die Begegnung mit ihm so gespannt, dass sie ihre Selbstsorge vergessen haben, denn sie haben nichts zu essen dabei.

Das Ungeplante drängt sich in den Vordergrund. Theologisch und diakonisch ist das der Moment, wo der Alltag unterbrochen werden muss. In diesem Moment gilt es, akut Hilfe zu leisten, und die Ressourcen sind knapp. Die Zwölf stellen die eher rhetorische Frage, ob sie für „zweihundert Silbergroschen" Brot kaufen sollen, denn dieses Geld haben sie sicherlich nicht besessen. Das Ungeplante sprengt die Ressourcen. Eigentlich müsste Jesus dem Rat der Jünger folgen und die Menschen fortschicken – und sich aus der Verantwortung stehlen.

Stattdessen bittet Jesus die Jünger, ihr „Pausenbrot" mit den 5000 zu teilen. Die Idee, mit der Ration von zwölf Männern 5000 zu sättigen, ist aus der Not geboren und kann nach menschlichem Ermessen nicht funktionieren. Aber es ist die Form, mit der Jesus und seine Jünger in der Krise reagieren – und sie funktioniert. Gerade in der Diakonie ist dieses schwierige Verhältnis zwischen der anstrengenden Alltagsbewältigung und der akuten Krisenbewältigung ohne zusätzliche Ressourcen prägend – denn die Erwartungshaltung von Mitarbeitenden und Klienten ist gleichermaßen, dass man niemanden wegschickt, nicht zuerst nach den Ressourcen fragt, sondern Hilfe leistet, wenn sie gebraucht wird.

Die biblische Geschichte beschreibt eine weitere diakonisch-theologische Grundüberzeugung. Keiner der 5000 Menschen muss fortgehen, um sich woanders etwas zu essen zu kaufen. Alle können bleiben und so die Worte Jesu hören, sich stärken und Gemeinschaft erleben. Die Sorgen um Leib und Seele haben gleichermaßen Priorität.

Das Management von Unplanbarem und daraus resultierender Ressourcenmangel gehört damit zum Wesen der sozialen bzw. diakonischen Arbeit. Diese Herausforderung anzunehmen und in der Überforderung das Unmögliche zu wagen, um anderen zu helfen, ist eine nicht zu unterschätzende Belastung für die Mitarbeitenden. Sie selbst haben dabei neben der Verantwortung für die anderen auch die für sich selbst und die Befriedigung ihrer eigenen Bedürfnisse.

ANTHROPOLOGISCH-ETHISCHE ANNÄHERUNG – SORGE ALS BEZIEHUNGSGESCHEHEN

Als Ausgangspunkt für die Verhältnisbestimmung von Selbstsorge und Verantwortungsübernahme kann aus evangelisch-anthropologischer bzw. ethischer Perspektive auch das Dreifachgebot der Liebe herangezogen werden, das Jesus als Kern der jüdischen und der christlichen Ethik im Anschluss an Lev 19,18 und Dtn 6,5 formuliert hat: „Du sollst den Herrn, deinen Gott, lieben von ganzem Herzen, von ganzer Seele und mit all deiner Kraft und deinem ganzen Gemüt, und deinen Nächsten wie dich selbst." (Lk 10,27)

Noch vor der hier beschriebenen Fremd- und Selbstsorge beschreibt die biblische Forderung den Menschen als (einzigartiges) Beziehungs-Geschöpf. Als einzigem Geschöpf ist es dem Menschen möglich, seine Beziehung zu Gott, seiner Umwelt bzw. seinen Mitgeschöpfen und zu sich selbst zu erkennen und zu gestalten. Die Wahrnehmung dieser

Verflochtenheit führt zu einer wenigstens chronologischen Reihung des Verhältnisses von Sorge um sich selbst und der Sorge um andere: Denn zuerst lebt der Mensch daraus, dass für ihn gesorgt wird: sei es durch das seine individuelle Existenz begründende Wollen Gottes,[18] sei es durch die Fürsorge von Eltern und anderen, solange er ein Kind ist. Diese Ersterfahrung, dass andere Verantwortung für mich übernehmen, führt schließlich in die Möglichkeit, diese für mich selbst in Form der Selbstsorge auszuüben, und befähigt mich schließlich dazu, auch für andere zu sorgen und Verantwortung zu übernehmen. Die Grenze der Verantwortungsübernahme ist beschrieben, indem sie das Maß der Selbstsorge nicht überschreiten soll: „Den Nächsten lieben *wie* sich selbst."

Die Fähigkeit, zu anderen in Beziehung treten zu können, ermöglicht es dem Menschen zu erkennen, wenn sein Nächster Hilfe braucht, und sie ihm zu leisten. Die Fähigkeit, sich selbst wahrzunehmen und zu sich selbst zu verhalten, ermöglicht es, eigene Grenzen zu erkennen und vor Selbstüberforderung zu bewahren bzw. um Hilfe zu bitten. Die Fähigkeit zur Gottesbeziehung bietet schließlich die Möglichkeit, von ihm Hilfe zu erbitten und andere seiner Hilfe anzuvertrauen.

VERANTWORTUNG ALS ERMÖGLICHUNG VON SELBSTBESTIMMUNG

Die Aufgabe der Verantwortungsübernahme für den Nächsten stellt im sozialen bzw. diakonischen Kontext eine besondere Herausforderung dar. Sie meint nicht, dass Mitarbeitende in der Diakonie andere von ihrer Verantwortung für sich selbst entbinden. Die Zeiten, in denen man sich in der Überzeugung der höheren Kompetenz über den Willen der Hilfeberechtigten hinwegsetzte, sind vorbei und waren nie theologisch zu rechtfertigen. Diakonische Verantwortungsübernahme – wie auch christliche überhaupt – bedeutet, gemeinsam mit der- oder demjenigen, die Unterstützung benötigen, ihre oder seine Bedürfnisse zu identifizieren und Wege zu deren Befriedigung zu suchen und zu gehen.

---

18 Koch, Traugott: Artikel: Mensch IX. In: TRE Bd. 22, Berlin / New York 1992, S. 548.

Verantwortungsübernahme wäre aber auch missverstanden, wenn sie die eigene Person der Helfenden völlig außer Acht ließe und das Engagement für andere in Selbstüberforderung oder Selbstverleugnung mündet. Insofern werden diakonische Mitarbeitende zu VerantwortungsMITträger*innen für andere, unter der ehrlichen Einbeziehung ihrer eigenen Möglichkeiten und Grenzen.

Teil 2 – Drei Fortbildungsvorschläge

Im Folgenden finden Sie drei mögliche Tagesabläufe für die Fortbildung „… sie fanden nicht einmal Zeit zum Essen." Sie können in der vorgeschlagenen Form verwendet werden oder Ihren jeweiligen Ressourcen und Vorstellungen angepasst werden.

Die Teilnehmendenzahl liegt in der Regel bei ca. 15 Personen, da für diese Formen der reflexiven und theologischen Bildung eine starke Vertrauensbasis notwendig ist, die mit größeren Gruppen ggf. nicht erreicht werden kann.

Der zeitliche Rahmen ist auf einen Fortbildungstag konzipiert, ca. 9–16 Uhr. Selbstverständlich lässt sich das Thema auch an mehreren Tagen behandeln und die einzelnen Abläufe lassen sich miteinander kombinieren. Von einer Kürzung auf einen halben Tag würden wir aus Gründen der Gruppendynamik und der Erkenntnisverarbeitung abraten.

Als Zielgruppe haben wir prinzipiell Mitarbeitende aus allen Arbeitsbereichen der Diakonie im Blick. Eine Unterscheidung nach Fachgebieten ist nicht intendiert, um die Erfahrungsbreite der Fortbildung durch die Vielfalt der Teilnehmenden möglichst breit zu gestalten.

Wenn die Fortbildung für Führungskräfte verwendet wird, bietet es sich an, an bestimmten Stellen ergänzend Reflexionsunterbrechungen zu setzen, die die gemachten Erkenntnisse und Erfahrungen mit der Führungsaufgabe verbinden.

Die Methoden, die in den Fortbildungen verwendet werden, finden Sie ausführlich in Teil 3 beschrieben.

Einzelne Materialien finden Sie im Begleitheft. Wir empfehlen damit zu arbeiten und es für die Teilnehmenden anzuschaffen, da es nicht nur die Durchführung der Fortbildung erleichtert, sondern Ausdruck der Wertschätzung für sie ist. Weitere Materialien bspw. auch Textvorschläge finden Sie unter: www.mi-di.de/themen/kraftquellen.

2.1 Den Sinn für das schärfen, was möglich ist

Ziel: den Möglichkeitssinn schärfen

Teilnehmendenzahl: max. 16 Person

Der Arbeitsalltag in der Diakonie ist eng getaktet. Manchmal verlangt er zu viel. Und trotzdem machen wir weiter; denn wir sehen, was nottut, wir tragen Verantwortung. Häufig haben wir den Eindruck, dass unser Tun nie ausreicht. Und sehen wir eigentlich noch, was wir bewirken und was wir vielleicht auch selber brauchen?

Das Modul möchte Gefühlen der Überforderung und mangelnder Wirksamkeit begegnen und den Blick auf das lenken, was gelingt und immer auch durch unser eigenes Tun entsteht. Denn wir bewirken oft mehr, als wir denken. Die die eigene Kompetenz wahrnehmenden Übungen und die Auseinandersetzung mit der biblischen Erzählung von der Speisung der 5000 helfen, das, was wir zur Verfügung haben, und das, was uns trägt, (wieder) besser wahrzunehmen. Damit kann dieses Fortbildungsmodul dazu beitragen, das Gefühl für die eigene Selbstwirksamkeit zu schärfen: Du bist gesegnet und kannst ein Segen sein.

ABLAUF

08.45 (15 Min.)
Ankommen
Kaffee, Tee, Kekse, Obst

09.00 (5 Min.)
Begrüßung und Einführung in das Thema
Beschreibung des Vorhabens durch Dozenten/Leitungskraft
Ziel: Einschwingen auf das Thema

09.05 (5 Min.)
Empathisches Intro
Beschreibung der allgemeinen Situation unter Berücksichtigung der besonderen Herausforderungen und Belastungen in der Einrichtung – beispielsweise fiktiver Brief an Vorstand, Freundin, Heimaufsicht, Kuratorium, Vorgesetzte o. Ä.
Ziel: Sensibilisierung für die eigene Situation
Metholde: Brief an den Vorstand
Optional: fiktiver Brief, der empathisch die vermutete Situation der TN beschreibt, Schilderung der diakonischen Situation, Belastungen, aber auch Freuden und vor allem eine Beschreibung, was die MA im Alltag leisten.
Formulierung: knackig, empathisch, humorvoll, mit Leichtigkeit

09.10 (20 Min.)
Vorstellungsrunde
Beschreibung der allgemeinen Situation unter Berücksichtigung der besonderen Herausforderungen und Belastungen in der Einrichtung – beispielsweise fiktiver Brief an Vorstand, Freundin, Heimaufsicht, Kuratorium, Vorgesetzte o. Ä.
Ziel: Gegenseitiges Kennenlernen

09.30 (30 Min.)

Biblischer Zugang zum Thema Teil 1
Bibellabyrinth

Den Bibeltext begehen. Prägnante Sätze werden im Raum ausgelegt. Die Teilnehmenden werden aufgefordert, sich die Sätze anzuschauen, dort stehen zu bleiben und zu zweit zu dem Satz ins Gespräch zu kommen. Fragen: Warum bin ich bei diesem Satz stehen geblieben? Was hat mich angesprochen? (15 Min.)

Plenum: kurzer Bericht aus den Gruppen – (5 Min.)

Der Bibeltext wird gelesen und Reaktionen/Kommentare der TN. (10 Min.)

Ziel: Kennenlernen des Bibeltextes

Methode: Bibellabyrinth

Bemerkungen/Material: Prägnante Sätze aus dem Bibeltext werden auf einzelne Blätter gedruckt und ausgelegt.

10.00 (15 Min.)

Kaffeepause

Kaffee, Tee, Kekse, Obst

10.15 (20 Min.)

Biblischer Zugang zum Thema Teil 2
Gruppendialog
Sich in die Rollen der Geschichte hineinversetzen

Die Rollenkarten werden im Raum ausgelegt. TN werden gebeten, zu den Rollenkarten zu treten und aus ihrer Rollensicht das in der Geschichte erlebte als „Schauspieler*innen" zu beschreiben, Fragen zu stellen, Positionen einzunehmen, Wahrnehmungen zu beschreiben etc. (15 Min.)

Plenum: Reflexion des Erlebens der „Schauspieler*innen"

Wie aktiv oder passiv haben Sie sich gefühlt?

Wo haben Sie solche Veränderungen gespürt?

Wo hat sich was bewegt?

Wie war das? (5 Min.)

10.35
Wundertalk (75 Min.)
Persönlicher Zugang zum Thema

Wundertalk und -walk
Im Spazierengehen die Wunderfrage stellen (45 Min.)

Zu zweit draußen spazieren gehen – Dialog, jede/r 15 min – gezieltes
Nachfragen (narratives Interview zu folgendem Fragenkreis):
Wo hast du „Wunder" erlebt? Im Sinne von: Wo hat sich unerwartet
etwas geändert? Wo ging plötzlich etwas, wo vorher gar nichts mehr
ging? Wieso war das so?
Erklärende Beispiele durch Dozent*in: Der richtige Mensch kam von
außen dazu, ich war plötzlich ganz entspannt ...
Wenn die Umgebung nicht schön oder das Wetter zu schlecht ist, in
Raumecken zurückziehen.
Ziel: Den Sinn für das Unerwartete schärfen.
Bemerkungen/Material: Ggf. schöne Umgebung und gutes Wetter

11.20
Wunder-schöne Muster
Reflexion im Plenum (30 Min.)

Exemplarisch „Wunder" sammeln:
Was ist aufgefallen? Aufspüren von Wunder[schönen]-Mustern
Offenes Gespräch, auch esoterisches Vokabular ist zuzulassen.
Engel: Was tragen sie dazu bei, dass Wunder geschehen sind? Wenn
man sich mal nicht über das Negative unterhält ... Wo können Sie selbst
etwas steuern ...
Ergo: Manchmal geht mehr, als man denkt.

11.50 (10 Min.)
Kurze Pause

12.00 (30 Min.)

Sie schickt der Himmel!

Ich als Wunderwirkende*r (Engel? – konkrete Situationen vergegenwärtigen!)

TN vergegenwärtigen sich Situationen, in denen sie selber Wundertäter*innen waren, und schreiben diese auf Postkarten (auf denen ggf. ein Engel aufgedruckt ist):
Wo würde ein Bewohner/in, Klient/in, Nutzer/in etc. sagen: Sie haben zu einem Wunder beigetragen! Sie schickt der Himmel!

Plenum: Wer will, berichtet
Gespräch:
Was sind Wunder? Wo wachsen wir über uns selbst hinaus? Was tragen wir selbst dazu bei, damit das geschehen kann? Was haben wir für Gaben? Woher ziehen wir unsere Kraft? Welche Mechanismen sind Wunderförderer (loslassen, einfach ich sein …)? Welche Mechanismen behindern Wunder (negativ reden, sich selbst klein machen …)?

Fazit: Sie haben offensichtlich alle schon mal zu einem kleinen Wunder beigetragen: (Sie sind ein Engel!)

Ggf. Zeit, sich selbst Notizen zu machen

Ziel: Erkennen der eigenen Selbstwirksamkeit und deren Übersteigerung
Bemerkungen/Material: Postkarten – (Engel)
Hier empfehlen wir: Suchen Sie sich aus den zahlreichen Angeboten von Engelsdarstellungen Ihre Lieblingsmotive aus. Kaufen Sie Karten im Kunstdruck, stöbern Sie im Internet …

12.30 (60 Min.)

Mittagspause

13.30 (60 Min.)

Positiv tratschen

Ziel: Eigene Kompetenzen wahrnehmen.

Methode: Positiv tratschen (Methode 3.1, S. 54)

Material: Papier und Stifte

14.30 (15 Min.)

Pause

Kaffee, Tee, Kekse

14.45 (30 Min.)

Kompetenzen sammeln und weitergeben

Ziel: Die eigenen Kompetenzen als Gabe deuten und sie in als Segen
verstehen.

Methode: Kompetenzen sammeln und weitergeben (Methode 3.2, S. 56)
Moderationskarten

Material: Eddings in Anzahl der TN

15.15 (20 Min.)

Tragen und getragen werden

(Wenn das Wetter es zulässt, auch draußen)

Ziel: Im Vertrauen die Verantwortung teilen und erfahren: Ich bin getragen.

Methode: Tragen und getragen werden (Methode 3.3, S. 57)

Material: Dickes Seil

15.35 (10 Min.)

Dankbarkeit & Wegzehrung

Ziel: Das Engagement der TN in ihrer Rolle als Mitarbeitende und dabei als
Wundertäter zu betonen. Der Dankbarkeit Ausdruck verleihen.

Methode: „Danke" sagen – mit einer Praline (Methode 3.4, S. 61)

Oder: Wegzehrung (Methode 3.10, S. 77)

Material: Pralinenauswahl

15.45 (15 Min.)

Abschlussreflexion

Zum Abschluss noch mal ein Blick auf die Bibelgeschichte.

Die biblischen Sätze von oben liegen erneut aus, darum die Rollen-karten – darum steht die Gruppe. Alle suchen sich mit den Augen die Rolle in der Geschichte, in der sie sich jetzt am ehesten wiederfinden (Vermutung: Die TN finden sich irgendwie in allen Rollen wieder.).

In einer Runde teilen alle ihre Rolle und die Beweggründe für die Ent-scheidung mit und erzählen, was sie von diesem Tag als Wegzehrung mitnehmen.

Ziel: die Erfahrungen des Tages sichern.

16.00 (1–10 Min.)

Abschlusssegen

Methode 3.16, S. 92

2.2 Getragen einander tragen

Schwerpunkt: Meine Möglichkeiten und Grenzen (im Licht der Bibel) erkennen, akzeptieren und wertschätzen

Teilnehmendenzahl: 15

Im diakonischen Arbeitsalltag kommen Mitarbeitende – durch Fachkräftemangel, aber auch die psychischen Belastungen der Arbeit selbst – gelegentlich an die Grenzen ihrer Ressourcen und Möglichkeiten. Andererseits können unterschiedliche Begabungen auch zu gegenseitiger Entlastung führen.

Die Teilnehmer*innen sollen ihre Fähigkeiten und Grenzen reflektieren und aus dieser Erkenntnis motiviert werden, diese zu achten, sich gegenseitig zu unterstützen und für sich selbst Sorge zu tragen. Dabei kann der Bibeltext helfen, von überzogenen Erwartungen an sich und die Kolleg*innen zu befreien.

ABLAUF

08.35 (15 Min.)

Ankommen (und Frühstück)

Als Vorwegnahme und praktischer Auslegung des Bibeltextes kann etwas zu essen angeboten werden.

09.00 (30 Min.)

(1) Begrüßung
(2) Vorstellen des Tagesablaufes
(3) Vorstellung der TN
(4) und Abfrage der Erwartungen

Ziel: Gegenseitige Wahrnehmung

Bemerkungen:

Vorstellung kreativ (mit Bild // Emojis /// Was ist mein Grundgefühl gerade? // Warum bin ich hier?)

Ablauf ist visualisiert (aber flexibel)

Erwartungen in kleinen Gruppen abfragen: „Was muss heute passieren, damit sich der Tag für mich gelohnt hat und ich nicht sage: Wäre ich mal lieber arbeiten gegangen.?"

09.30 (45 Min.)

Annährung an den Bibeltext

Ziel: Bibeltext vorstellen

Methode: Bibeltext im Begleitheft S. 4

Eine liest den Bibeltext vor, und währenddessen wird der Text versweise ausgelegt und zusammengesetzt. Die Verse sind auf einzelne Blätter gedruckt. (Eine liest vor, einer legt aus.)

– Spaziergang um den Text

– Stehen bleiben an dem Vers, wo ich anspringe

– Wo ballen sich die Teilnehmenden?

– Reden mit denen, wo ich stehe

– Warum stehe ich hier?

10.15 (15 Min.)

Was fällt Ihnen auf?

Ziel: Konzentration auf das Gemeinsame und die Frage der Selbstsorge
Bemerkung: Bündeln der Eindrücke unter Berücksichtigung des Leitmotives: Selbstsorge

10.30 (15 Min.)

Pause

10.45 (45 Min.)

Welche diakonische Grundsituationen sind in dem Text enthalten?
Wo finde ich solche Situationen in meinem Alltag? (Beispiele)
Mit wem würden Sie sich in Ihrem Arbeitsalltag identifizieren?

Ziel: Parallelisieren von eigenen Erfahrungen und Bibeltext
Methode: Gruppenarbeit
Bemerkung: In drei Kleingruppen besprechen und dokumentieren?

11.30 (15 Min.)

Zusammenfassung im Plenum

Gruppen berichten über die Personenidentifikation und stellen ein Alltagsbeispiel pro Gruppe vor.

11.45 (45 Min.)

Körper & Sinn & Verstand & Emotionen

Impuls + Selbsttest zur eigenen Energiebilanz
Ziel: Erkennen der eigenen Fähigkeiten
Methode: Fragebogen Energiebilanz (Methode 3.5, S. 63 sowie Begleitheft S. 5)
Bemerkung: Impulsvortrag zur Einführung in den Fragebogen durch die Seminarleitung

12.30 (45 Min.)

Mittagspause

13.15 (90 Min.)

Übungen zu den 4 Quellen: Körper & Sinn & Verstand & Emotionen

Ziel: Motivation und Stärkung

Methoden: Power-Posing, Sinn finden, Körper-Scan-Meditation, Neinsagen lernen, Wegzehrung (Methoden 3.6 – 3.10, S. 68ff.) o. a.

Im Methodenteil 3.7 ist die Übung mit einem Spaziergang kombiniert. Dauer mit Spaziergang: 60 Min., ohne Spaziergang 30 Min.)

14.45 (15 Min.)

Pause

15.00 (45 Min.)

Wendung der Sichtweise

Ziel: Eigene Grenzen akzeptieren // gnädig sein mit sich und anderen // Zuspruch

Methode: Wendung der Sichtweise (Methode 3.11, S. 79)

Bemerkung: Gruppengespräch zur Bibel und den eigenen Erfahrungen unter dem Leitmotiv „Gebt ihr Ihnen zu essen!"

15.45 (15 Min.)

Feedback, Reisesegen

Methode: Segen (Methode 3.16, S. 92 bzw. Begleitheft S. 15)

2.3 Jetzt brauch ich aber erst mal einen Kaffee!

Schwerpunkt: Sabbat und Pause

Teilnehmendenzahl: ca. 15 Personen

Wer viel arbeitet, braucht Pausen. Doch das ist oft leichter gesagt als getan. Bei der Arbeit werden Pausen leicht gestört, und nach der Arbeit geht es zuhause weiter. Das kann nicht lange gut gehen, da muss etwas passieren.

Zur Erholung gehören das Ausruhen und der Abstand zur Arbeit. Aber auch der Blick aus dem Abstand auf die eigenen Ressourcen und die Möglichkeiten, eigene Verhaltensmuster zu ändern. Allein die Fragen danach, was uns guttut, nach dem, was uns Spaß bringt und uns belebt, nach dem, was uns motiviert und trägt und Sinnhaftigkeit erfahren lässt, wecken in uns neue Kräfte. Entsprechende Übungen und die Begegnung mit der biblischen Erzählung von der Speisung der 5000 helfen uns, diese Wachmacher zu entdecken, aber auch unsere Quellen wahrzunehmen und den Energiezufluss (wieder) freizulegen. Ein Blick zum Himmel und Wegzehrung mögen dabei helfen.

ABLAUF

08.45 (15 Min.)

Ankommen

Kaffee, Tee, Kekse, Obst

09.00 (5 Min.)

Begrüßung

Thematische Einführung – Vorstellung des Tages

Ziel: Einschwingen auf das Thema

09.05 (20 Min.)

Vorstellungsrunde

Name. Arbeitsplatz. Wie lange arbeiten Sie dort schon?

Und dann die Frage:

– Wo verbringen Sie Ihren Urlaub am liebsten?

– Und was hat Ihnen da gutgetan?

Thematische Einführung – Vorstellung des Tages

Ziel: Vertrauen aufbauen, miteinander bekannt machen

09.25 (20 Min.)

Tragen und getragen werden

Wenn Wetter und Ort es zulassen, gerne draußen

Ziel: Erfahren, wie gut es tut, einander zu tragen

Methode: Tragen und getragen werden (Methode 3.3, S. 57)

Material: Dickes Seil

09.45 (20 Min.)

Wie bin ich eigentlich gerade unterwegs?

Wenn Wetter und Ort es zulassen, gerne draußen.

Wenn die Übung im Raum gemacht wird, reichen 10 Minuten.

Am Ende zusammenkommen und die Gangart sagen.

Wichtig der Hinweis: nichts bewerten. Einfach wahrnehmen.

Eventuell spiegelt der/die Moderator*in und verstärkt das Erzählte: „Viel langsamer als sonst im Alltag ..."

Ziel: Wahrnehmen, wie ich gerade unterwegs bin (und vielleicht auch, was ich brauche)

Methode: Schritteübung (Methode 3.12, S. 82)

10.05 (15 Min.)

Pause

Kaffee, Tee, Obst

10.20 (40 Min.)

Die eigene Motivation als Ressource spüren

Gemeinsame Fragerunden zur Wiederentdeckung der eigenen Motivation für den Beruf

Ziel: Die eigene Motivation und den Sinn des Tuns wiederentdecken.

Methode: Die eigene Motivation spüren (Methode 3.13, S. 84)

Material: Klangschale oder ein anderes akustisches Signal

11.00 (10 Min.)

Kurzer Kaffeebreak zum Umschalten

11.10 (40 Min.)

5000 brauchen einen „Kaffee"
Stress – und Entspannung pur

Arbeit mit dem Bibeltext

Die TN laufen im Raum. Entspannende Musik läuft im Hintergrund. Die TN sollen ihren Schritt finden (das kennen sie ja schon, s. o. Schritteübung).

Nach einiger Zeit wird in die Musik hinein die Geschichte von der Speisung der 5000 erzählt und dabei auf die Stress- und Entspannungsmomente hin zugespitzt.
Die TN werden aufgefordert, gut auf ihr Gefühl zu achten und entsprechend ihres Stress- und Entspannungsempfindens beim Zuhören
– den Schritt zu beschleunigen, wenn sich durch das Erzählte Stress in ihnen regt.
– den Schritt zu verlangsamen, sobald durch das Erzählte eine Entspannung einsetzt.

Austauschrunde:
– Wie war das in den Übergängen?
– Was waren die Stressmomente?
– Was hat geholfen, zur Ruhe zu kommen?
– Entdecken Sie da etwas aus Ihrem Alltag wieder?
– Was für ein Stresstyp sind Sie?

Ziel: Durch den Bibeltext eigene Stressmuster und Möglichkeiten der Entspannung wahrnehmen.
Methode: Nacherzählung des Bibeltextes (Methode 3.15, S. 88 und Begleitheft S. 11)
Material: Text S. 88 und im Begleitheft S. 11

11.50 (20 Min.)
Jetzt brauch' ich erst mal eine Schokolade

Schokoladenübung
Im Lutschen dem Gehörten nachspüren/nachschmecken. Langsam lutschen, die Stressmomente und die Entspannung noch mal schmecken.

Impulsfragen
– Wo lässt sich etwas ändern? Wo nicht?
– Wo ist beim Übergang in die Entspannung das Problem?
– Wo stehe ich mir vielleicht selbst im Weg?

Ziel: Eigenen Mustern auf die Spur kommen.
Erforschen, wo sich was ändern lässt.
Methode: Schokoladenübung (Zweiergespräch, danach Kurzbericht im Plenum) Material: Schokolade

12.10 (10 Min.)
Die Ja-Nein-Übung
Hintergrund: Stress entsteht häufig dort, wo man nicht klar „Ja" oder „Nein" sagen kann.

Dazu eine humorvolle Paarübung
TN 1 – „Ja"
TN 2 – „Nein"
TN 1 fordert TN 2 mit einem „Ja" heraus. TN 2 antwortet mit einem „Nein".
Dieses Spiel geht weiter in den unterschiedlichsten Tonlagen und Lautstärken. Da Ja, das Nein kann weich, unterwürfig, bettelnd, flehend, entschieden, klar, unklar („jein"), laut, schreiend, leise, flüsternd ... gesagt werden. Damit jonglieren die TN und beobachten sich. Bis der/die Moderator*in dem Treiben ein Ende setzt. Dann wechseln die TN ihre Rolle, aber bleiben in derselben Paarkonstellation.

Kurzer Austausch

Welche Rolle fiel schwerer? Welche leichter? An welchen Punkten wurde es schwierig, leichter, lustvoller? Wo wurde ich wütend? Wo fühlte ich mich überredet/überzeugt?

Ziel: Das „Nein"-Sagen üben

12.20 (10 Min.)
Die Na-und-Übung

Und wenn wir schon dabei sind: Manchmal hilft es auch, die Dinge einfach an sich abprallen zu lassen. Deshalb noch eine kleine Körperübung Ihre Kollegin hat wieder ihren nervig fordernden Ton drauf – „Na und?"

Ziel: Üben, nicht alles an sich ranzulassen

12.30 (60 Min.)
Jetzt brauch ich aber unbedingt eine Mittagspause

13.30 (10 Min.)
Raus aus dem Suppenkoma
Die Abklopfübung

Paarübung (unter Anleitung)

Ein*e Partner*in dreht dem/der anderen Partner*in den Rücken zu und beugt sich nach vorne über. Er/sie lässt die Arme runterbaumeln. Der/die Partner*in klopft den Rücken mit der flachen Hand ab. Vorsicht bei den Nieren! Dabei fragt der/die Klopfende, ob das Tempo und die Klopfstärke angenehm seien oder es angepasst werden muss. Nach ca. 2–3 Minuten wird der Rücken ausgestrichen. Dann richtet sich der/die gebeugte Partner*in wieder auf, und es wird gewechselt.

Ziel: Entspannung

Wachwerden für das Weitermachen

13.40 (20 Min.)

Wie war denn nun eigentlich Ihre Mittagspause?

Ohne Vorrede diese Frage keck in den Raum stellen und dann vertiefen:
– Was war anders als sonst?
Gespräch in Zweiergruppen:
– Wie machen Sie im Alltag Pausen?
– Welche Rituale haben Sie, um die Übergänge zwischen Arbeit und
  Freizeit zu gestalten?
– Wie verbringen Sie Ihre Freizeit? Was tut Ihnen gut?
Ziel:Sensibilisierung für eine wohltuende Pausengestaltung im Alltag

14.00 (40 Min.)

Den Sinn für das Mögliche schärfen

Ziel: Was kann ich tun, dass mich meine Arbeit (wieder) zufrieden macht?
Methode: Den Sinn für das Mögliche schärfen (Methode 3.14, S. 86)
Material: Fotokarten

14.40 (20 Min.)

Mit den vorhandenen Ressourcen mehr bewirken

Zweiergespräch gerne mit einem Kaffee

Ideen entwickeln, das Entdeckte umzusetzen

– Wo sage ich „Nein"?
– Wo fordere ich was ein?
– Wo lass ich auch mal fünfe gerade sein (und arbeite z. B. weniger
  perfekt)?
– Wo bitte ich um Hilfe?
– Wie verschaffe ich mir einen Freiraum (für Dinge, die mir Spaß ma-
  chen, die ich sinnvoll finde, die den Bewohner*innen guttun?)
– Wo mache ich den Mund auf (ohne zu motzen, aber konstruktiv und
  entschieden)?
– Mit wem möchte ich meine Pause verbringen?
Ziel: die eigenen Ressourcen besser nutzen lernen

15.00
Sinn finden – Kraft schöpfen

Zeit zum Aufschreiben (20 Min.)
Treffe mit dir selbst eine Verabredung. Nimm dir einen Aspekt raus und
überlege, wie du ihn umsetzen kannst.

Austausch im Plenum (15 Min.)
Moderator*in spiegelt, fokussiert, gibt ggf. Anregungen und nimmt noch
mal Bezug auf die Stresstypen der Jünger.
Ziel Das Erkannte auch umsetzen
Methode: Sinn finden – Kraft schöpfen (Methode 3.7, S. 69)
Impuls von Bernhard von Clairvaux (Methode 3.14, S. 86)
Material: Ggf. Klangschalen, Papier und Stifte
Bemerkung: Im Methodenteil 3.7 ist die Übung mit einem Spaziergang
kombiniert. Dauer mit Spaziergang: 60 Min. Hier: ohne Spaziergang

15.35 (10 Min.)
Abschlussrunde Was nehme ich mit? – ein Satz

15.45 (15 Min.)
Schokoladensegen
TN stehen im Kreis
Moderator*in überreicht jedem TN ein Schokoladentäfelchen
zum Mitnehmen und spricht dazu einen persönlichen Segen
Ziel: gestärkt, gesegnet zurück in den Alltag gehen
Methoden: Segen
Material: Schokoladentäfelchen mit schöner Verpackung, Formulierungs-
vorschläge unter Methode 3.16, S. 92

16.00
Abschluss im Kreis / Segen für alle
Segen (Methode 3.16, S. 92 und Begleitheft S. 15)

Teil 3 – Methodenbeispiele

3.1 Positiv tratschen

Benötigte Zeit 60 Minuten
Benötigter Platz großer Raum
Teilnehmendenzahl 8–16
Material akustisches Signal (z. B. Klangeschale)

Ziel der Methode

Die eigenen Kompetenzen wahrnehmen (und die der Kolleg*innen auch). Sie als Gabe, als Segen deuten und (wieder) einen Zugriff zu ihnen finden. In der Vergewisserung des Ziels und der eigenen Kompetenzen die Verantwortung leichter wahrnehmen können.

Durchführung

TN gehen in 3er-Gruppen, die sich möglichst wenig kennen. Eine/r setzt sich auf einen Stuhl, so dass die anderen hinter seinem/ihrem Rücken sitzen. Nun beginnen die anderen, 3 Minuten lang hinter seinem/ihrem Rücken zu reden, aber so, dass er/sie es hört. Eine der tratschenden Personen übernimmt die Rolle des/der Zeitwächters/in.
Thema des „Tratsches" sollen im Unterschied zum weit verbreiteten Negativtratsch die positiven Eigenschaften sein, die man an ihm/ihr vermutet: Was hat er/sie für Eigenschaften, Vorlieben, besonderen Fähigkeiten, Kompetenzen ..?
Die Person, über die gerade getratscht wird, macht sich während des ganzen Gesprächs Notizen und lässt die Zuschreibungen auf sich wirken. In der Regel ist sie sehr überrascht, wie sie wahrgenommen wird und was man an ihr bemerkt. Verblüffenderweise ist die Trefferquote sehr hoch.

Nach Ablauf dieser 3 Minuten dreht sich die „betratschte" Person zu den anderen um und teilt den anderen mit, welche Zuschreibungen treffend sind, was daran neu und überraschend war, womit man vielleicht gar nichts anfangen konnte, wie das wirkt ... .
Dann dreht sich eine andere Person mit dem Rücken zur Gruppe. Nun

wird über sie getratscht, eine andere Person übernimmt die Rolle des/
der Zeitwächters/in.

Jede/r soll am Ende einmal in der Position des schweigenden Zuhörers
/ der schweigenden Zuhörerin gewesen sein und hinterher mitgeteilt
haben, was er/sie bei dem Gehörten erlebt hat. Die 3 Minuten jeweils
unbedingt füllen: Jede/r hat ein Recht darauf, dass 3 Minuten über ihn/
sie positiv getratscht wird.

Allgemeiner Austausch

Erklärung, warum es so wichtig ist, ein Gefühl für seine Stärken zu haben.

Im Bild

Beim Wandern kann ich einen vollgepackten Rucksack haben; wenn ich
aber nicht weiß, was im Rucksack ist, habe ich keinen Zugriff auf das,
was da ist (und schleppe nur). Wenn ich vergessen habe, dass ich Brote
im Rucksack habe, oder im Rucksack so ein Chaos herrscht, dass ich sie
nicht finde, kann ich trotz der faktisch vorhandenen Brote verhungern.

Bezug zum Bibeltext

Die Jünger (und Jesus) stehen in der Verantwortung für die Menschen,
die gekommen sind. Sie haben Hunger und brauchen neben der geistlichen auch leibliche Nahrung. Jesus nimmt die Verantwortung ernst und
teilt sie mit den Jüngern. Mit der Aufforderung, die Ressourcen zu prüfen
(„Geht und seht nach"), holt er sie aus dem Gefühl der Überforderung
zurück in die Selbstwirksamkeit.

Die Übungen bieten die Analyse und Wahrnehmung der eigenen Möglichkeiten und liefern in der Wahrnehmung Fakten gegen das Gefühl
der Überforderung und lassen spüren: Du bist gesegnet, du kannst ein
Segen sein.

3.2 Kompetenzen sammeln und weitergeben

Benötigte Zeit	35 Minuten
Benötigter Platz	großer Raum
Teilnehmendenzahl	8–16
Material	akustisches Signal (z. B. Klangeschale)

Ziel der Methode

Die eigenen Kompetenzen wahrnehmen (und die der Kolleg*innen auch). Sie als Gabe, als Segen deuten und (wieder) einen Zugriff zu ihnen finden. In der Vergewisserung des Ziels und der eigenen Kompetenzen die Verantwortung leichter wahrnehmen können.

Durchführung
Kompetenzen im Raum (20 Min.)

Was für Kompetenzen sind hier im Raum vorhanden?
Jede/r schreibt die Begriffe, die ihm/ihr einfallen, auf Karten.
(Je Begriff eine Karte. Keine Zuschreibung auf bestimmte Personen, aber von der Wahrnehmung der anwesenden Personen geleitet.)

Die Begriffe nennen und nacheinander in die Mitte legen.

Kommentar: „Geballte Kompetenz hier im Raum." Das ist das, was Sie nutzen können. Es ist wichtig, darum zu wissen.

Kompetenzen schenken (15 Min.)

Die Karten mit den gesammelten Kompetenzen liegen in der Mitte.
Die TN stehen im Kreis um die Karten herum.

Aufgabe: Immer für die/den linke/n Nachbar/in eine der Kompetenzen aussuchen, von der man meint, dass sie auf sie/ihn zutrifft, und sie mit einer Begründung schenken. Z. B.: „Ich schenke dir die Karte ‚Ruhe', weil ich glaube, dass du in dein Team viele Ruhe reinbringst, weil du viel Gelassenheit ausstrahlst."

Kommentar: Als Abraham – der in der Bibel – vor einem großen verantwortungsvollen Schritt stand, sagte ihm Gott: „Geh. Dorthin, wohin ich es dir zeige. Du bist gesegnet und sollst ein Segen sein."
Auf die Kompetenzkarten weisen: „Ihr seid gesegnet und könnt für viele ein Segen sein."

Abschluss dieser Einheit mit einem Segen bspw. unter 3.16 bzw. im Begleitheft S. 15.

Bezug zum Bibeltext
siehe 3.1

3.3 Tragen und getragen werden

Benötigte Zeit	20–30 Min.
Benötigter Platz	3–4 qm, vorzugsweise draußen in der Natur
Teilnehmendenzahl	8–20
Material	dickes Seil

Ziel der Methode
Gegen das Gefühl der heillosen Überforderung – in Vertrauen die Verantwortung teilen und die beglückende Erfahrung machen: Gemeinsam können wir mit unseren Ressourcen mehr bewirken, als wir oft denken.

Durchführung
Die Seilübung
Mit den Worten **„Jetzt wollen wir mal sehen, wozu unsere Kraft reicht"** lasse ich ein dickes Seil in die Mitte plumpsen. Sofort kommt von irgendwoher der Kommentar „Seilziehen!" – „Das wäre eine Möglichkeit", antworte ich und frage: „Was geschieht beim Seilziehen?" – „Eine Seite gewinnt." – „Und meistens ist von vornherein klar, welche." – „Ich habe das in der Schule gehasst. Mich wollte immer keiner in seiner Mannschaft haben." – „Und am Ende wurden immer welche über den Boden gezogen." – „Manchmal tat das auch weh." – „Genau. Kennt ihr so etwas aus eurem Alltag?" – Nicken.

Wir sammeln unsere Assoziationen zum Alltag: Eine Schicht zieht gegen die andere, Teamteile gegen einander, Ohnmachtsgefühle im hierarchischen Gefälle oder gegenüber den mangelnden Ressourcen, egal wohin man die Decke zieht, sie reicht nie … Bevor wir ins Jammern kommen, setze ich einen Punkt:

„Und deshalb machen wir hier auch kein Seilziehen. Wir halten unsere Ressourcen besser zusammen."

Ohne Worte lege ich das **Seil in einen großen Kreis** und fordere die Gruppe auf, sich um diesen Kreis aufzustellen. Dann fassen alle das Seil an der Stelle, an der sie gerade stehen. Um den TN unnötige Anstrengungen zu ersparen, fasse ich das Seil an der Stelle, wo seine Enden unangenehm dick miteinander verzwurbelt sind, und passe auf, dass nichts rutscht.

Ich fordere die TN auf, so weit zurückzugehen, dass das Seil gut gespannt ist, aber auch noch mal darauf zu achten, dass die Abstände untereinander möglichst gleichmäßig sind.

Dann sollen sich alle möglichst entspannt hinstellen, mit einem guten Kontakt zum Boden (Zeit geben, das zu spüren: gerne die Augen schließen, den Wind spüren, die Sonne, die Außengeräusche wahrnehmen). Dann zähle ich bis drei. Bei drei lehnen sich alle zurück.

Meistens gelingt es nicht auf Anhieb, dass sich eine Stabilität einstellt, die für alle angenehm ist, aber man bekommt eine Ahnung davon, was passieren könnte.

Nach einiger Zeit bitte ich die TN, wieder in die Ausgangsposition zurückzukommen, und frage nach den **Erfahrungen.** Die reichen dann meistens von „total entspannt" über „Das musste sich ruckeln" bis hin zu „Ich musste ganz schön ackern". Manchmal fanden es auch alle relativ unangenehm. Selten geschieht es auch, dass es mehrere Anläufe braucht, bis überhaupt eine Stabilität entsteht, oder auch das Gegenteil, dass es auf Anhieb funktioniert, dass alle sich einfach fallen lassen können.

Wir suchen nach den Ursachen für Gelingen und Misslingen und nach Möglichkeiten, die Situation zu optimieren. Schnell ist den Beteiligten klar, dass der Schlüssel für das Gelingen dieser Übung im Vertrauen liegt und darin, dass das Ganze ein Geben und Nehmen ist, ein Tragen und Getragen werden. Aber auch darin, dass man sich ganz fallen lassen und sich den anderen mit seinem ganzen Gewicht zumuten muss

(Halbheiten und Zögerlichkeiten wirken destabilisierend), aber dass man auch achtsam auf das Geschehen im Kreis reagieren muss („Erst war es wackelig, aber dann hab ich meinen Stand ein wenig verändert, dann ging es"). Ich überspitze: Was würde passieren, wenn einer loslassen würde? Oder sich nur ganz zögerlich reingeben würde? Was, wenn jemand das Ganze an sich reißt? Die Antworten liegen auf der Hand. Man muss sich selbst reingeben und gleichzeitig achtgeben, was in der Gruppe geschieht, damit ein Gleichgewicht entsteht und die vorhandenen Kräfte nicht widerstreiten, sondern zu einer gemeinsamen Kraft werden.

Dann suchen wir nach den Übertragungen im Arbeitsalltag: Dass sich Mitglieder eines Teams (misstrauisch) nur halb reingeben, die Arbeit hinschmeißen oder sie anderen überlassen, kennen alle genauso wie die, dass Kolleg*innen Dinge an sich reißen. Und manchmal sind die Gewichte (und Fähigkeiten) nicht gut verteilt und genutzt. Da helfen neue Aufgabenverteilungen oder auch Umsetzungen im Team (z. B. in eine andere Schicht). Zudem gibt es widrige Umstände, die sich auf die Schnelle oder auch gar nicht ändern lassen (Rahmenbedingungen, Gesetze, Ressourcen, Qualifikationen, Begabungen – wir haben nur das, was wir haben, und die Mitarbeiter*innen, die da sind). Dafür mag dann die Bodenbeschaffenheit (Schräge, Nachgiebigkeit und Unebenheiten des Bodens) ein Gleichnis sein genauso wie die unterschiedlichen Gewichtsklassen der Teilnehmenden.

Aber – und diese Rechnung geht immer auf – **es gibt immer noch Stellschrauben**, an denen sich drehen lässt. Manchmal stehen einfach alle „Leichtgewichte" auf einer Seite. oder die „Schwergewichte" stehen bei schrägem Boden ausgerechnet unten und ziehen... Dieses Problem lässt sich spielend durch Umsetzungen beheben. Unebenheiten im Boden lässt sich dadurch begegnen, dass man noch mal entschieden für einen besseren eigenen Stand sorgt.

Also noch einmal: 1, 2, 3 und zurücklehnen und siehe da: Es ist schon viel besser. Ein wenig schmerzt das Seil in den Händen (Arbeit ist anstrengend), aber: „Es ist total schön, sich so fallen zu lassen und zu spüren, die anderen halten mich" (und sogar mich Schwergewicht oder mich, die ich mich doch eigentlich nie fallen lassen kann). „Wir sind ein tolles Team." „Ich könnte so ewig stehen." „Volles Vertrauen".

Wenn dieser Punkt erreicht ist, ist der richtige Zeitpunkt, um einen Schritt weiter zu gehen (wenn nicht, macht das gar nichts, dann muss eben noch mal an der Verteilung und dem Stand der einzelnen was geändert werden, bis es klappt – und es klappt immer):

„Wenn ihr mögt, schließt die Augen, genießt. Nehmt die Sonne wahr, den Wind, riecht die Luft (den Duft der Blüten, das Gras, den Wald, das Meer), hört das Meeresrauschen, das Rascheln der Blätter, die Vögel …, spürt den festen Stand auf dem Boden, den Zug in den Armen, den Halt. Macht die Augen wieder auf, schaut in den Himmel, lasst noch einmal Sonne und Wind in euch hinein – danke – und dann schaut in die Gesichter der anderen.

Es folgt ein kurzer Austausch über diese Erfahrung.

Eine weitere, zumindest theoretische **Möglichkeit, die gemeinsame Wirksamkeit zu erfahren, ist das Laufen auf dem Seil:** im Gleichgewicht des Tragens und Getragenwerdens hat das Seil eine so große Spannung, dass man auf ihm balancieren kann. Hin und wieder gibt es eine Mutige, die Lust hat, dies auszuprobieren – aber auch das bloße Erzählen oder Andeuten überzeugt.

An diese Übung schließe ich gerne die **„Schritteübung"** (Methode 3.12, S. 82) an, die wahrzunehmen hilft, wie ich gerade unterwegs bin und wie ich eigentlich unterwegs sein möchte. Denn je mehr wir loslassen können, desto mehr sind wir wir selbst. Je mehr wir wir selbst sind, desto leichter können wir unguten Mustern entweichen und die Verantwortung heilsam teilen.

Bezug zum Bibeltext

„Gebt ihr ihnen was zu essen." (Vers 37) – Die Jünger sind erschöpft. Eigentlich hatten sie sich zurückziehen wollen, aber sie spüren die Verantwortung für die vielen. Ihr Weg ist weit, man kann sie nicht ohne Essen nach Hause schicken. Doch die Aufforderung Jesu, ihnen nun etwas zu essen zu beschaffen, ist eine Überforderung: Dafür reichen die Ressourcen (200 Silberlinge) nicht. Zunächst setzt Jesus diesem Gefühl der Überforderung eine realistische Bestandsaufnahme entgegen: „Geht und seht nach!" Es sind fünf Brote und zwei Fische – gerade vielleicht genug für sie selbst, aber nicht für die 5000 Menschen, die da warten. Dann gibt Jesus ein paar Regieanweisungen, wie man sich am besten verteilt, schaut zum Himmel, dankt, teilt das Brot und gibt es seinen Jüngern, dass sie es verteilen sollen. Alle (auch die Jünger) werden satt. Die Jünger machen mit, tragen aber nicht die ganze Verantwortung und bekommen selbst, was sie schon zum Beginn der Szene brauchten: Ruhe, Sitzen, Essen (Verse 31, 32 und dann 43) – Tragen und Getragen-Werden – mit Blick zum Himmel die Verantwortung teilen. Es geht mehr, als man denkt, dies ohne mehr zu geben, als man hat. Gott sei Dank.

3.4 Danke sagen – mit einer Praline

Benötigte Zeit	8 Minuten
Benötigter Platz	Raum, Ort, so wie er im Seminarsetting vorgefunden wird
Teilnehmendenzahl	beliebig
Material	einzeln eingepackte Pralinen, Tablett, ggf. Schürze

Ziel der Methode
Mit einer kleinen Aufmerksamkeit viel größeren Dank ausdrücken (diese Übung ist besonders für Leitungskräfte geeignet)

Durchführung
Einführung
Ziel ist, mit tatsächlichen und kleinen Mitteln großen und persönlichen Dank auszudrücken, wobei die übliche Rolle als Leitungskraft durch die „Ausstattung" äußerlich verlassen wird.

Die Übung
- Die Seminarleitung betritt, bekleidet mit einer Schürze und ausgestattet mit einem Tablett, auf dem einzeln verpackte Pralinen oder gefüllte Schokolade liegt, den Raum.
- Sie überreicht jedem Einzelnen eine Praline und bittet darum, dass sie noch nicht ausgepackt und verzehrt wird.
- Sie nimmt selber eine Praline in die Hand, erklärt, dass sie mit der Praline Dank ausdrücken möchte und assoziiert zu dieser in Bezug auf die Mitarbeitenden und deren Einsatz/Engagement:

- „Das, was Sie hier tun, ist viel mehr wert als eine Praline, trotzdem kann eine Praline beschreiben, was Sie hier Wertvolles tun ..."
- Assoziationen zu Verpackung und Inhalt
- Assoziationen zu unterschiedlichen Geschmacksrichtungen und unterschiedlichen Qualitäten/Kompetenzen
- Assoziationen dazu, welcher Geschmack sich wann entfaltet
- Assoziationen zu Farben, Konsistenz ...
- Die Seminarleitung interpretiert abschließend ihr Tun:
  - „So wie Sie sonst Ihren Klient*innen (etc.) gegenübertreten, möchte ich als Ausdruck meines Dankes Ihnen nun gegenübertreten und Ihnen diese Köstlichkeit überreichen ..."
  - ...
- Die Seminarleitung blickt nach vorne:
  - „Bitte erinnern Sie sich daran auch in Krisenzeiten: Auch wenn Sie den Eindruck haben, dass niemand wertschätzt, was Sie tun; ich tue es. Auch, wenn es vielleicht nicht immer so wirkt ..."

Sonstiges

Sollten Leitungskräfte anwesend sein, so kann im Anschluss nochmals die Reflexion auf deren Funktion und Möglichkeiten gerichtet werden.

3.5 Test der eigenen Energiebilanz

Benötigte Zeit	45–50 Minuten
Benötigter Platz	Stuhlkreis, Unterlagen für die Testformulare
Teilnehmendenzahl	15
Material:	Test (s. unten, Begleitheft S. 5, Homepage www.mi-di.de/themen/kraftquellen)

Ziel der Methode:
Kontrolle der Selbsteinschätzung

Durchführung
Die Seminarleitung erklärt den Sinn des Tests zur Einschätzung, wie jede und jeder mit den eigenen Energien umgeht. Jede und jeder füllt den Test persönlich aus und liest die Auswertung. In der Gruppe wird diskutiert und ausgetauscht, welche Erkenntnisse jede und jeder daraus für sich gewonnen hat und wo Herausforderungen und Lernaufgaben liegen.

Sonstiges
Es sollte gesagt werden, dass man die Ergebnisse von Tests kritisch betrachten kann. Sie geben aber Hinweise auf eigene Baustellen.

Bezug zum Bibeltext
Die Jünger fühlen sich am Ende ihrer Kräfte.

Energiebilanz

(nach Harvard Business Manager 02/2008)

Wie sieht Ihre derzeitige Energiebilanz aus?
Kreuzen Sie bitte alle Aussagen an, die auf Sie zutreffen.

Der Körper

☐ Ich schlafe nicht regelmäßig mindestens sieben bis acht Stunden und ich fühle mich morgens häufig müde.

☐ Ich lasse häufig das Frühstücken ausfallen oder ich esse etwas wenig Nahrhaftes.

☐ Ich treibe nicht genug Sport.

☐ Ich gönne mir tagsüber keine regelmäßigen Erholungspausen oder ich verlege mein Mittagessen häufig an meinen Schreibtisch – wenn ich überhaupt esse.

Der Verstand

☐ Ich kann mich nur schwer voll und ganz auf eine Sache konzentrieren und ich lasse mich tagsüber leicht ablenken, besonders von E-Mails bzw. WhatsApps.

☐ Ich bringe viel Zeit meines Arbeitstages damit zu, mich um akute Krisen zu kümmern, anstatt mich auf Aktivitäten von langfristigem Wert und Nutzen zu konzentrieren.

☐ Ich nehme mir nicht genügend Zeit, um nachzudenken, Strategien auszuarbeiten und kreative Ansätze zu entwickeln.

☐ Ich arbeite auch abends und in meiner Freizeit und schalte selten das Smartphone ab.

Die Emotionen

☐ Ich fühle mich während der Arbeit häufig gereizt, ungeduldig oder ängstlich, vor allem wenn die Anforderung sehr hoch ist.

☐ Ich habe nicht genügend Zeit für meine Familie und die Menschen, die mir wichtig sind. Wenn ich Zeit mit ihnen verbringe, bin ich häufig geistig abwesend.

☐ Ich habe zu wenig Zeit für Dinge, die mir wirklich Spaß machen.

☐ Ich nehme mir zu wenig Zeit, anderen meine Wertschätzung auszusprechen oder meine eigenen Leitungen und Erfolge zu genießen.

Der Sinn

☐ Ich verbringe bei der Arbeit zu wenig Zeit mit den Dingen, die ich am besten kann und die mir Spaß machen.

☐ Es gibt eine deutliche Diskrepanz zwischen dem, was mir am wichtigsten im Leben ist, und dem, wie ich meine Zeit und Energie tatsächlich nutze.

☐ Meine Entscheidungen auf der Arbeit werden stärker von äußeren Zwängen beeinflusst als von meinen eigenen Vorstellungen von Sinn und Zweck.

☐ Ich investiere nicht genügend Zeit und Energie, um etwas Gutes für andere oder die Allgemeinheit zu tun.

Wie ist Ihre Energiebilanz?
Gesamtzahl der angekreuzten Aussagen ____

Auswertung

0–3 Hervorragendes Energiemanagement

4–6 Akzeptables Energiemanagement

7–10 Deutliche Schwächen beim Energiemanagement

11–16 Ausgewachsene Energiekrise

Woran müssen Sie arbeiten?

Körper:

_____

Verstand:

_____

Emotionen:

_____

Sinn:

_____

Auswertung

0 Hervorragend

1 Gutes Energiemanagement

2 Deutliche Schwächen

3 Schlechtes Energiemanagement

4 Ausgewachsene Energiekrise

Energiemanagement

Energie speist sich aus vier Quellen
- Körper
- Emotionen
- Verstand
- Empfinden von Sinnhaftigkeit

Einüben neuer Rituale

Körper
- Pausen (ultradiane Rhythmen, 90–120-Minuten-Zyklen)
- Bewegung
- Ernährung
- Schlaf
- Spaziergang

Emotionen
- Positive Einstellung
- Humor
- Bauchatmung
- Feedback-Kultur
- Geschichten des Lebens aus positivem Blickwinkel erzählen

Verstand
- E-Mails nur zweimal am Tag lesen und darauf reagieren (WhatsApp?)
- Rituale
- Prioritäten setzen
- Konzentration fördern
- Ultradiane-sprints
- Umgang mit Telefon, AB
- Ruhigen Platz suchen
- Am Ende des Tages wichtigstes Thema für den Folgetag identifizieren

Sinn

- Unterbrechungen verringern
- Was mache ich gut und gern?
- Bedeutsamkeit
- Konzentration auf das, was uns wichtig ist. Übereinstimmung des Verhaltens mit Werten

3.6 Power Posing

Benötigte Zeit	10–15 Minuten
Benötigter Platz	großer Raum
Teilnehmendenzahl	offen
Material	Stühle

Ziel der Methode

Die innere Einstellung beeinflusst unsere Gedanken, und das wirkt sich auf die Körpersprache aus. Genauso ist es aber auch andersherum: Unsere körperliche Haltung beeinflusst die Gedanken. Mit dieser Methode kann erprobt werden, inwieweit sich körperliche Haltung auf die innere Haltung auswirkt – der Zusammenhang zwischen Leib und Seele wird praktisch.

Durchführung

Den Teilnehmenden wird kommuniziert, dass eine Übung mit verschiedenen Körperhaltungen durchgeführt wird. Dabei sollen die Teilnehmenden beobachten, wie sie sich bei welcher Haltung fühlen und was dies auslöst.

Damit der Kontrast zum Power Posing sichtbar wird, erfolgt der Einstieg mit Low Posen.

1. Pose:

Im Sitzen: Beine übereinanderschlagen und die Hände in den Schoß legen.

2. Pose:
Im Sitzen: Arme über der Brust verschlagen und den Oberkörper leicht nach vorne gelehnt.
Kurzer Austausch mit Impulsfrage: Was lösen diese beiden Posen in euch aus?

3. Pose:
Breitbeinig hinstellen und die Arme in die Hüften stemmen.

4. Pose:
Sich auf einen Stuhl stellen und die Arme im V nach oben strecken.
Austausch mit derselben Impulsfrage:
Was lösen diese beiden Posen in euch aus?

Anschließend kann eine Diskussion entstehen, inwieweit die körperliche Haltung die innere beeinflusst und sich auf Anforderungen oder Situationen positiv oder negativ auswirkt.

Power Posing kann eingesetzt werden, um von einer trüben, schwachen Haltung in eine gestärkte Position zu kommen. Dies kann bewusst eingesetzt werden.

3.7 Sinn finden – Kraft schöpfen

Benötigte Zeit   60 Minuten
Benötigter Platz   Natur
Teilnehmendenzahl   beliebig

Material
– Text „Quellen" (siehe unten, Begleitheft S. 9 und unter
  www.mi-di.de/themen/kraftquellen
– Impuls für den Spaziergang
– Papier oder Kladde
– Stifte
–ggf. Klangschalen oder Musik

Ziel der Methode

Das, was wir brauchen, wahrnehmen, Quellen suchen und finden und lernen, daraus zu trinken.

Durchführung

Meditation

Einführende Worte in den Sinn und Wirkung einer Meditation. Beschreiben, was in der nächsten Stunde geschieht: Körperübungen – Impuls – 10 Minuten Stille *(wenn dies die Gruppe überfordert, bewirken auch 5 Minuten schon viel)* – weiterer Impuls – 5 Minuten Stille – danach kann jede/r den Zeitpunkt selbst bestimmen, wann er/sie den Raum verlässt, und geht mit dem Impuls spazieren. Hinweis: Im Raum liegen Stifte und Papier, um sich zu notieren, was man nicht vergessen möchte. Körper wahrnehmende und lockernde Übungen.

Einführung in Sitzhaltung und Atmung (der Stuhl reicht)

Text „Quellen"

(siehe unten, Begleitheft S. 9, unter www.mi-di.de/themen/kraftquellen)
ggf. mit Untermalung von Klangschalen
Wenn du vernünftig bist, erweise dich als Schale und nicht als Kanal, der fast gleichzeitig empfängt und weitergibt, während jene wartet, bis sie erfüllt ist. Auf diese Weise gibt sie das, was bei ihr überfließt, ohne eigenen Schaden weiter …
Lerne auch du, nur aus der Fülle auszugießen, und habe nicht den Wunsch, freigiebiger zu sein als Gott. Die Schale ahmt die Quelle nach. Erst wenn sie mit Wasser gesättigt ist, strömt sie zum Fluss, wird zur See. Die Schale schämt sich nicht, nicht überströmender zu sein als die Quelle …
(Bernhard von Clairvaux, 1090–1153)

10 Minuten Stille

Sie werden durch einen Klang ein- und ausgeleitet.

Impuls: Bild „Quellen"
(siehe unten, Begleitheft S. 10 und Homepage www.mi-di.de/themen/
kraftquellen)
Was sind meine Quellen?
Was macht mir Spaß?
Was tut mir gut?
Wenn ich weiß, was es ist: Wie komme ich dazu, dass ich auch trinke?
Wo läuft bei mir nicht nur was durch, sondern bleibt – in einer Schale?

Mit diesem Impuls eine halbe Stunde spazierengehen

Drinnen liegt Papier bereit, um sich aufzuschreiben, was man festhalten möchte.

Austausch über das Erlebte

Bezug zum Bibeltext
Die Jünger brauchten Ruhe und etwas zu essen (Vers 31). Sie brauchen und sollten (wie die Quelle) nicht mehr geben, als sie haben. Die vorhandenen Brote und Fische reichen.
Die Quelle füllen lassen, sich Nahrung schenken lassen – sie wahrnehmen.

Text: Quellen

„Wenn du vernünftig bist, erweise dich als Schale
und nicht als Kanal, der fast gleichzeitig empfängt und weitergibt,
während jene wartet, bis sie erfüllt ist. Auf diese Weise gibt sie das,
was bei ihr überfließt, ohne eigenen Schaden weiter ...

Lerne auch du, nur aus der Fülle auszugießen,
und habe nicht den Wunsch, freigiebiger zu sein als Gott.
Die Schale ahmt die Quelle nach. Erst wenn sie mit Wasser gesättigt
ist, strömt sie zum Fluss, wird zur See. Die Schale schämt sich nicht,
nicht überströmender zu sein als die Quelle ...

Ich möchte nicht reich werden, wenn du dabei leer wirst.
Wenn du nämlich mit dir selbst schlecht umgehst,
wem bist du dann gut? Wenn du kannst, hilf mir aus deiner Fülle,
wenn nicht, schone dich.“

Bernhard von Clairvaux (1090–1153)[19]

19 Bernhard von Clairvaux (1090–1153): Predigten über das Hohelied, Predigt 18. Abgedruckt findet sich der Text z. B. auf der Homepage des Kloster Wülfinghausen: https://www.kloster-wuelfinghausen.de/schalenichtkanal.html, 20.12.2018.

Bild: Quellen

Foto: Helke Ricker

Was sind meine Quellen? Was macht mir Spaß? Was tut mir gut?

Wenn ich weiß, was es ist – Wie komm ich dazu, dass ich auch trinke?

Wo läuft bei mir nicht nur was durch, sondern bleibt – in einer Schale?

3.8 Körper-Scan-Meditation

Benötigte Zeit	15–20 Minuten
Teilnehmendenzahl	10-15
Material	Yoga-Matten

Ziel der Methode

Mit dieser Methode zur Körperwahrnehmung werden die Teilnehmenden für ihr eigenes Körpergefühl sensibilisiert und erleben, dass körperliche Entspannung auch zu Entspannung im Kopf führt. Das bewusste Wahrnehmen des Körpers baut Stress ab und führt zu Entspannung.

Durchführung

Die Teilnehmenden werden gebeten, sich auf eine Entspannungsübung einzulassen, um zu entdecken, ob die körperliche Entspannung auch die geistige Verfasstheit beeinflusst.

Dazu legen sich alle Teilnehmenden im Optimalfall auf eine Matte. Wenn dies nicht möglich ist, funktioniert es auch in einer entspannten Sitzhaltung auf Stühlen.

Die Körper-Scan-Methode wird abgespielt:

https://www.youtube.com/watch?v=rk9byrLZRW8
Natürlich kann eine solche Methode auch einfach vom Gruppenleiter vorgelesen werden.

Danach werden die Teilnehmenden zum Reflexionsgespräch eingeladen und können erörtern, inwieweit die körperliche Entspannung auch geistige Entspannung ausgelöst hat. Im Gespräch kann darauf eingegangen werden, wie der Zusammenhang zwischen Körper und Geist positiv genutzt werden kann.

3.9 Neinsagen lernen

Benötigte Zeit	30 Minuten
Benötigter Platz	Sitzplatz, eventuell Platz zum Austausch mit anderen
Teilnehmendenzahl	15
Material	schriftliche Anleitung

Ziel der Methode
Lernen, Nein zu sagen

Durchführung
TN liest sich die Anleitung (siehe unten) durch und übt für sich an einem konkreten und persönlichen Beispiel. Vgl. auch unter www.mi-di.de/themen/kraftquellen und Begleitheft, S. 7.

Sonstiges
Nach der persönlichen Übung tauscht sich die Gruppe über die gemachten Erfahrungen aus.

Neinsagen lernen

Schreiben Sie vier Gründe des nicht Neinsagen-Könnens
auf ein Blatt Papier!

Markieren Sie die Gründe mit vier verschiedenen Farben!

Machen Sie jeweils einen Strich hinter den festgestellten Grund,
wenn Sie sich dabei ertappen, nicht „Nein" zu sagen!

Der Grund, der sich als der häufigste herauskristallisiert,
wird auf ein separates Blatt geschrieben und mit der entsprechenden
Farbe markiert!

Nehmen Sie sich vor, gegen diesen Grund anzukämpfen,
wenn die entsprechende Situation eintritt!

Begründen Sie sich selbst logisch, dass das „Nein" zu Ihrem Wohl ausgesprochen wird!

*Die Fähigkeit, „Nein" zu sagen, wird Ihnen Zeit für sich und für ande-
re Dinge, die Ihnen selbst wichtig sind, schenken.

*Ihre innere Unzufriedenheit mit sich selbst, weil Sie sich selbst schon
wieder einmal haben überfahren lassen, wird deutlich verringert.

3.10 Wegzehrung

Benötigte Zeit	20 Minuten
Benötigter Platz	
Teilnehmendenzahl	beliebig
Material	verschiedene Sorten Ritter Sport-Schokoladentafeln in großer Auswahl, mindestens so viele wie TN, Sack mit Namen der TN

Ziel der Methode
Gestärkt in den Alltag gehen, um dort wieder der Verantwortung gewachsen zu sein

Durchführung
Möglichst viele verschiedene Sorten Ritter Sport liegen aus
(Ritter Sport, weil die Marke mit über 30 Sorten eine besonders große Vielfalt bietet. Einige Sorten haben einen Zusatz zum Namen: die Kräftige, die Feine, die Starke, die Milde oder Gold SCHATZ oder Helle FREUDE, aber auch Klassiker wie Knusperflakes oder Vollmilch mögen inspirieren. Mischungen wie Honigsalzmandel vermögen es, die Vielschichtigkeit einer Person zu beschreiben).
Ziel wird es sein, eine Tafel für eine bestimmte Person auszusuchen und damit zu beschreiben, welche Fähigkeiten, Eigenschaften, Kompetenzen, Stärken man an ihr wahrgenommen hat. Da braucht es eine Inspiration und auch ein bisschen Witz.

In einem Sack liegen Zettel mit jeweils dem Namen einer TN. TN ziehen jeweils einen Zettel. Sollte man seinen eigenen Namen erwischen, noch mal ziehen.

Für denjenigen, dessen Namen man gezogen hat, sucht man nun mit Bedacht eine Sorte Ritter Sport aus, von der man meint, dass sie gut beschreibt, wie man sie in seinen Stärken, Fähigkeiten, Kompetenzen, Eigenarten wahrgenommen hat.

Nacheinander überreichen nun die TN einander ihre Tafel Schokolade und halten für alle hörbar eine kleine wertschätzende „Rede", ohne zunächst den Namen der Person zu nennen, für die sie ist.

„Ich habe eine Tafel Vollmilchschokolade ausgesucht. Diejenige, die sie bekommen soll, ist jeden Tag mit vollem Elan dabei und hat voll den Durchblick. Manchmal, wenn alles drunter und drüber geht, dann weiß man schon beim Reinkommen, heute geht gar nichts. Und wenn sie dann noch die Augenbrauen hochzieht und sich die Brille zurechtrückt..., dann weiß man Bescheid. Aber sie behält immer den vollen Durchblick, und man kann sich darauf verlassen, dass sie einen solide durch den Tag begleitet."

Manchmal rät die Gruppe spontan, wer es ist. Das muss aber nicht sein – das darf alles ein bisschen spielerisch und humorvoll sein.

Liebevoll wertschätzend wird dann die Tafel an die entsprechende Person überreicht. „Anja, diese Person bist du. Dir schenke ich eine Tafel Vollmilchschokolade."

Abschluss mit einem Segen

Da die Seminarleitung gut zugehört hat und eigene Eindrücke von den einzelnen Personen gewonnen hat, ist an dieser Stelle auch ein individueller spontan formulierter Segenszuspruch möglich. Dabei kommt es dann gar nicht auf formvollendete Formulierungen an (wie bei der „Rede" der TN ja auch nicht): „Gott segne deinen wachen Blick für das, was nötig ist. Er schenke dir Gelassenheit, dass dein Tun für andere Segen bringt – aber auch für dich selbst."

Alternativ (oder abschließend zusätzlich) kann man natürlich auch einen allgemeinen Segen sprechen, siehe 3.16, S. 92 bzw. Begleitheft S. 15.

Bezug zum Bibeltext

Die Jünger brauchen eigentlich Stärkung (Ruhe, Zuspruch, Besinnung auf ihre Selbstwirksamkeit und Ressourcen, geistliche Nahrung und etwas Handfestes zu essen). Danach können sie wieder Verantwortung für neue Aufgaben übernehmen. Sie bekommen diese Dinge und sind gesegnet und mit Jesu Hilfe fähig zu handeln.

3.11 Wendung der Sichtweise

Benötigte Zeit	40 Minuten
Benötigter Platz	Stuhlkreis
Teilnehmendenzahl	10–20
Material	Bibeltext

Ziel der Methode
Neue Sichtweise auf Herausforderungen einüben

Durchführung:
Hank Green entwickelt in seinem neuen Science-Fiction-Roman „A Beautifully Foolish Endeavor" ein sehr niederschwelliges Verfahren, mit scheinbar unlösbaren Situationen umzugehen. Miranda, eine der Romanfiguren von Hank Green, stellt ihr Problemlösungssystem vor (New York 2020, S. 323f). Hier wird es mit dem Problemlösungssystem von Jesus kombiniert.

Das System von Jesus ist Beten.
Mirandas System ist Folgendes:

Schritt eins: Das Problem erkennen
Eine überraschend große Anzahl von Menschen überspringt diesen Schritt. Diese Menschen meinen zu wissen, was das Problem ist, aber das stimmt oft nicht. Es lohnt sich, darüber mal nachzudenken.

Schritt zwei: Die Ressourcen erkennen
Jedes Hilfsmittel, alles, was man weiß oder kann, alles, was andere wissen oder können, wenn man sie einbeziehen kann …

Schritt drei: Die Begrenzungen erkennen
Auch dieser Schritt wird meistens übergangen. Aber eine Lösung, die nicht in der wirklichen Welt funktioniert, ist eine schlechte Lösung.

Schritt vier: Mischen

Das Problem, die Ressourcen und die Begrenzungen zusammendenken, von allen Seiten betrachten, ordentlich durcheinanderschütteln, bis sich die Sicht ändert, entweder indem man neue Ressourcen entdeckt oder das Problem eingrenzen kann oder indem sich eine Lösung abzeichnet.

Stellen Sie den TN das System von Hank Green vor. Wenden Sie es mit den TN auf den Text an. Definieren Sie ein Problem, ermitteln Sie die vorhandenen Ressourcen und die erkennbaren Begrenzungen. Wie sieht die Lösung im Bibeltext aus?
Bitten Sie die TN, sich ein Problem an ihrem Arbeitsplatz zu vergegenwärtigen. Bitten Sie sie, sich über ihre Ressourcen und ihre Begrenzungen klar zu werden. Je nach Gruppensituation ermöglichen Sie ein Gespräch darüber – vielleicht auch in Murmelgruppen/Duos oder Trios.

Weiterführender Schritt:
Ressourcen und Grenzen vor Gott bringen

Benötigte Zeit	15–20 Minuten
Benötigter Platz	Stuhlkreis mit Kerzen und Blumen in der Mitte
Teilnehmendenzahl	10–20
Material	Kerzen, Blumen, Gefäß mit Sand, Blumenvase, Kieselsteine, Tablett
Ziel der Methode	die eigenen Ressourcen und Grenzen im Gebet mit Gott besprechen und von ihm Segen für beides empfangen

Durchführung

Laden Sie nun die TN dazu ein, ihr Problem, ihre Ressourcen und ihre Begrenzungen im Gebet zu reflektieren, sie vor Gott darzustellen. Hilfreich dazu sind verschiedene symbolische Gegenstände: Für das Problem dürfen die TN eine Kerze anzünden und diese in ein mit Sand gefülltes Gefäß stellen. Damit wird Gott auf das brennende Problem aufmerksam gemacht. Die TN können beim Entzünden der Kerze sagen, welches Problem sie Gott vor Augen führen, müssen es aber nicht. Wortlos eine Kerze anzuzünden, reicht völlig aus.

Die Ressourcen werden durch Blumen versinnbildlicht, die in der Mitte liegen. Die TN werden eingeladen, Gott für diese Ressourcen zu danken, indem sie die Blumen in eine Blumenvase stellen. Dabei können sie sagen, für welche Ressource sie danken, müssen es aber nicht. Auch schweigender Dank kommt bei Gott an. Allerdings ist es für die Gruppe eine schöne Erfahrung, wenn die Vielfalt der Ressourcen in der Gruppe ausgesprochen deutlich wird.

Die Begrenzungen werden durch Kieselsteine dargestellt. In der betenden Symbolhandlung werden die Kieselsteine aus einem Behälter genommen und in einer neuen, kreativen Weise für alle sichtbar angeordnet, jeweils ein Stein für eine Begrenzung. Auch hierbei darf dabei die Begrenzung beim Namen genannt werden, es darf aber auch schweigend geschehen. Lassen Sie, wenn alle drei Phasen durchgebetet sind, den TN noch etwas Zeit, das entstandene Gesamtbild wirken zu lassen. Schließen Sie die Betrachtung erkennbar ab, z. B. indem Sie „Amen" sagen. Geben Sie anschließend den TN noch Gelegenheit, sich über die gemachte Erfahrung zu äußern. Hilft es, die Situation vor Gott auszubreiten, sie damit in einen anderen Horizont zu stellen? Können sich daraus überschaubare Schritte ergeben? Finden die TN Mut, Hoffnung oder Entlastung darin?

Bezug zum Bibeltext
Jesus dankte für Brote und Fische.

3.12 Schritteübung

Benötigte Zeit	10–60 Minuten – je nach Zeit und Ort
Benötigter Platz	Raum oder ein Spaziergang in der Natur
Teilnehmendenzahl	beliebig

Ziel der Methode

Zur Ruhe kommen, wahrnehmen, wie ich unterwegs bin und was ich brauche.

Durchführung

„Man kann langsam gehen, man kann schnell gehen, man kann vorwärts gehen und rückwärts, man kann auch hüpfen oder tanzen. Man kann gedrückt langsam gehen, so dass jeder Schritt einen tiefen Abdruck im Boden hinterlässt, oder auch gelassen langsam, leicht, schlendernd, eben ohne Eile, ohne dass einen etwas treibt. Ebenso wie man gehetzt schnell gehen kann, wie oft auf der Station oder im Wohnbereich (oder sonst wo im Alltag) kann man auch schnell gehen, weil es guttut, seine eigene Kraft zu spüren und seine Energie. Dabei kann man gut etwas abschütteln und zu sich kommen." Während ich das sage, deute ich die verschiedenen Gangarten in Bewegung an.

„Probieren Sie verschiedene Schritte aus, experimentieren Sie. Wir sind hier unter uns. Gucken Sie, welcher Schritt gerade für Sie der richtige ist. Wenn Sie ihn gefunden haben, dann laufen Sie mit ihm – 20 Minuten lang (wenn weniger Zeit ist oder die Übung im Raum gemacht wird, dann kürzer). Nehmen Sie ihn bewusst wahr, achten Sie darauf, was er in ihnen bewirkt. Überlegen Sie vielleicht kurz, wieso Sie gerade in diesem Schritt laufen und wieso er ihnen guttut. Entspricht er Ihrem Alltagsschritt? Steht er zu ihm in Kontrast? Nehmen Sie einfach wahr. Genießen Sie. Bewerten Sie nichts. Alles darf sein. Es ist, wie es ist."

Zur vereinbarten Zeit kommen alle zusammen und erzählen, in welchem Schritt sie unterwegs waren und, wenn sie mögen, auch, was ihnen dazu durch den Kopf gegangen ist. – Das bleibt so stehen. Es ist, was es ist.

Wenn es passt, ist jetzt auch eine Tasse Kaffee oder eine kleine Stärkung gut.

Bei einem mehrtägigen Seminar oder auch bei einem Tagesseminar reichen diese beiden Übungen meist aus, dass die TN das Gefühl haben, in einer anderen Welt gelandet zu sein. Sabbatmomente, die man auch im Alltag wieder wachrufen kann: „Immer wenn auf Station der Stress zu doll wird und ich das Gefühl hab, jetzt droht mich das zu überfordern", sagt eine Krankenschwester, als ich sie ein halbes Jahr nach einem mehrtägigen Seminar wiedertraf, „dann stecke ich die Hände in meine Kitteltaschen und ich sehe mich wieder am Meer. Ich höre das Rauschen und denke an die Schritteübung, die wir da gemacht haben. Danach geht es dann meist wieder. Zumindest bin ich dann anders unterwegs."

Bezug zum Bibeltext
Die Apostel kamen zu Jesus zurück. Sie berichteten ihm alles, was sie getan und gelehrt hatten. Und er sagte zu ihnen: „Kommt mit an einen ruhigen Ort, nur ihr allein, und ruht euch ein wenig aus." Denn ständig kamen und gingen die Leute und sie fanden nicht einmal Zeit zum Essen. So fuhren sie mit dem Boot an eine abgelegene Stelle, um für sich allein zu sein. (Mk 6, 30–32)

Die Jünger geben die ganze Zeit; sie heilen, sie lehren, sie treiben Dämonen aus, manchmal merken sie gar nicht mehr, wie sie unterwegs sind und was sie brauchen: Jesus spürt das und will ihnen einen Sabbatmoment verschaffen. Ruhe, zu sich selbst kommen, Vergewisserung in der geschützten Gemeinschaft, in Ruhe essen, zu Kräften kommen. Dann kann es weitergehen. Dass dieses Unterfangen frühzeitig gestört wird – wie oft die Pause –, erzählt bereits der übernächste Vers. Aber dass sie es bräuchten, ist angesagt. Sie machen dann eine andere, stärkende Erfahrung: Das Brot, es reicht, und geteilte Verantwortung entlastet. Aber jetzt erst mal der Sabbatmoment – zumindest für unsere Seminarteilnehmer*innen.

3.13 Die eigene Motivation spüren

Benötigte Zeit	40 Minuten
Benötigter Platz	großer Raum
Teilnehmendenzahl	8–16
Material	akustisches Signal (z. B. Klangschale)

Ziel der Methode

Die eigene Motivation und den Sinn des Tuns wiederentdecken. Die eigenen Kompetenzen wahrnehmen (und die der Kolleg*innen auch). Sie als Gabe, als Segen deuten und (wieder) einen Zugriff zu ihnen finden. In der Vergewisserung des Ziels und der eigenen Kompetenzen die Verantwortung leichter wahrnehmen können. Mit dem Zuspruch der Überforderung selbstbewusster begegnen.

Beschreibung der Durchführung

Methode „Stern" (20 Min)

Die TN stehen im Kreis

Frage: Was, um Himmels willen, hat Sie mal dazu gebracht, sich Ihren Beruf auszusuchen?

Eine TN tritt in die Mitte und erzählt.

Frage: Gibt es jemanden, bei dem da was ähnlich war?

Die TN, bei denen die Berufswahl ähnlich motiviert war, stellen sich ebenfalls in die Mitte und erzählen ihre „Geschichte".

Dann gehen alle wieder zurück an ihren Platz im Kreis.

Frage: War das bei jemanden noch anders?

Dasselbe Prozedere wie eben.

Das Prozedere wird wiederholt, bis keinem mehr was einfällt.

Frage: Was finden Sie (eigentlich) immer noch sinnvoll an Ihrer Arbeit?

Dasselbe Prozedere wie beschrieben.

Methode Speeddating (20 Min.)

TN stellen sich jeweils zu zweit zusammen und unterhalten sich über jeweils eine Frage. Nach ca. 3 Minuten ertönt ein akustisches Signal und beendet das Gespräch. Die TN bedanken sich beieinander für das gute Gespräch (auf dieses Ritual bestehe ich, um die Bedeutung des Erzählten zu unterstreichen) und gehen für eine nächste Frage in eine neue Zweierkonstellation.

Fragen

– In einem Wort: Was möchten Sie Ihren Bewohner*innen/Patient*innen/Klient*innen/Kund*innen geben?

– Was sollen sie mit Ihnen erleben?

– Wo spüren Sie (immer noch) Leidenschaft?

– Wieso sind Sie gut für Ihre Bewohner*innen etc.?

– Was hat Ihr Team von Ihnen?

– Was ist passiert, wenn Sie am Ende eines Arbeitstages sagen können: Dieses war ein guter Arbeitstag?

– Was möchten Sie mit Ihrem Leben bewirken?

– Wofür stehen Sie? – Auch bei der Arbeit?

– Wofür arbeiten Sie?

– Da dürfen jetzt große Worte fallen: wie Gerechtigkeit oder Frieden oder …

3.14 Den Sinn für das Mögliche schärfen

Benötigte Zeit   30 Minuten
Benötigter Platz   kein zusätzlicher
Teilnehmendenzahl   beliebig
Material   **Monika Wieber, Foto-Bildkarten Stressmanagement**
Für Ressourcenarbeit und Burnout-Vorbeugung in Coaching, Beratung und Therapie, 50 Karten
www.oekotopia-verlag.de
Bestell-Nr.: 20783,
ISBN 978-3-86702-338-2, 30,00 €

Veränderung Bildimpulse maxi
Fotokarten für Inspiration und Coaching
Heragon Verlag, www.heragon.com
ISBN 978-3-941574-27-4, 9,60 €

Ziel der Methode
siehe Titel

Durchführung
Die Fotokarten liegen sichtbar für alle auf dem Boden. Jede/r Teilnehmer/in wird aufgefordert, sich zwei Karten auszusuchen.
Wenn Sie eine gewisse Zeitspanne vorausgucken,
– wie sollte Ihre Arbeit dann aussehen?
– und was sollte dann nicht mehr sein?

Nacheinander stellen die TN die Karten vor.
Die Moderatorin oder der Moderator stellt vertiefende Fragen (z. B.: Auf einer Skala von 1–10 – für wie realistisch halten Sie es, dass sich dieser Wunsch erfüllt? Was müsste geschehen, damit Sie dem ein Stück näherkommen? Was wäre anders, wenn das, was für Sie nicht mehr sein soll, nicht mehr da wäre? Gibt es Momente, wo Sie dem Ziel schon ein gutes Stück näher sind? Wann ist das so? Auf welche Ihrer Ressourcen können

Sie sich immer verlassen? ...)
Der Moderator oder die Moderatorin beendet die jeweilige Sequenz mit einem abschließenden Wunsch oder Impuls zum Weiterdenken. Das kann hin und wieder auch ein Bibelwort sein.

Bezug zum Bibeltext

„Diese Geschichten modellieren Sichtweisen, Handlungsoptionen oder Interpretationsmuster, die uns dabei helfen, uns und anderen liebevoll zu begegnen." (S. 18).

Indem wir den Blick auf die Möglichkeit zu Veränderungen lenken, können unter Umständen Strategien entdeckt werden, die helfen, die vorhandenen Ressourcen so zu nutzen, dass Neues entstehen kann. Der Blick zum Himmel (Vers 41) mag dazu ermutigen.

3.15 Die Speisung der 5000 (Nacherzählung)

Er hatte sie einfach alle weggeschickt. Mal allein sein. Mal ausruhen. Die Seele baumeln lassen. So saß er da im Gras genau an der Stelle, wo der Hügel in einen weitläufigen See überging. Sein Blick verlor sich in der Ferne über dem Wasser, das man See Genezareth nannte. Es war Mittag, ein milder Frühlingstag. Um ihn herum die Geschäftigkeit des Alltags. Die Bauern bearbeiteten ihre Felder und jäteten das Unkraut zwischen den jungen und zarten Getreidepflanzen, die Fischer im Hafen von Tabga reparierten ihre Netze. Aus dem Dorf Betsaida wehten die hämmernden Schläge der Zimmermänner herüber. Er blickte einfach aufs Wasser und beobachtete die sanfte Brandung, die an das Ufer schwappte. So sanft, dass man es kaum für möglich halten konnte, dass dieselbe Brandung ihn und seine Leute vor einiger Zeit schon einmal ordentlich in Seenot gebracht hatte. Nein, einfach mal nichts tun. Das musste jetzt sein. Einfach die Seele baumeln lassen. Die letzten Wochen und Tage waren arbeitsintensiv gewesen. Doch das Elend der Menschen war so groß, dass er gar nicht anders konnte, als immer und immer wieder was zu tun: Menschen heilen, Gemeinschaft stiften, Mut zusprechen und immer unterwegs. Viele Menschen wunderten sich über das, was dann geschah, einige sprachen von Wundern. Ja, es waren Wunder. Und die taten den Menschen gut.

Dieses Mal hatte er seine Begleiter losgeschickt, seine Jünger. Er hatte sie in die umliegenden Dörfer geschickt. Dort sollten sie heilen, Gemeinschaft stiften und von der guten Botschaft Gottes erzählen. Um weiter für die Menschen da sein zu können, brauchten sie eine Pause. Bald würden sie zurückkommen und erzählen. Und sie würden erleben, dass sie gebraucht werden und dass sie viel bewirken können. Er schloss die Augen und lauschte dem Gesang der Zikaden und dem sanften Schlag der Wellen.

Doch auf einmal mischte sich ein störendes Geräusch in die entspannte Kulisse. Waren das etwa Stimmen? Er öffnete die Augen und sah auf dem Hügel eine Gruppe von Menschen. Das waren doch seine Jünger! Simon Petrus' helle und aufgeregte Stimme war unverkennbar zu vernehmen! Aber die konnten doch nicht alleine solch einen Lärm verursachen! Und nun erkannte er, dass es nicht nur seine Jünger waren, die dort kamen, sondern eine große Menschenmenge, viele Hundert Menschen, die ihnen in einigem Abstand folgten und die Jünger geradezu vor sich hertrieben. Jetzt nur nicht diese Idylle zerstören. Hier sollten sie nicht alle herkommen. Schnell machte er sich auf den Weg zu dem Ort, an den er seine Jünger zu kommen geheißen hatte. Sie kamen. Und mit ihnen kamen die Menschen. Petrus begann sofort zu erzählen: „Jesus, wir haben getan, was wir konnten, aber sie wollten dich unbedingt persönlich treffen. Wir haben geheilt, wir haben gepredigt, wir haben – die Not der Menschen gesehen. Es ist fürchterlich: die römischen Besatzer, die schlechte Ernte, Menschen, die um ihre Existenz ringen und um ihr Leben. Ich habe einen vierjährigen Jungen gesehen, der hatte von Kopf bis Fuß Beulen. Seine Haut hing ihm in Fetzen vom Leib." Jesus nickte – und fragte: „Und, konntest du ihm helfen?" – Petrus' Gesicht strahlte für einen Augenblick. „Ja, ich habe ihm die Hände aufgelegt. Er ist geheilt, er kann wieder Fische fangen." Doch dann verfinsterte sich sein Blick: „Aber wir konnten nicht allen helfen. Und die Leute, sie haben keine Hoffnung mehr." „Kommt", sagte Jesus, „nur ihr allein. Ich kenne einen ruhigen Ort. Ruht euch ein wenig aus." Denn die Leute strömten weiter. Und hier würden sie nicht einmal Zeit finden, um etwas zu essen. So stiegen sie in ein Boot, das am Ufer lag, und fuhren zurück zu der abgelegenen Stelle, um für sich allein zu sein. Aber die Leute sahen, wie sie abfuhren, und sie kannten sich aus. Sie ahnten, wo sie hinfahren wollten. Und so liefen sie auf dem Landweg dorthin. Und noch viel mehr kamen aus den umliegenden Orten dazu, und sie waren noch vor den Jüngern dort. So groß war ihre Not.

Als Jesus mit den Jüngern am Ufer ankam und die Menschenmenge sah, atmeten sie erst mal tief durch. So hatten sie sich das nicht gedacht.

Inzwischen war die Menge aber auf 5000 Menschen angewachsen. Und Jesus bekam Mitleid mit ihnen. Sie schrien ihre Not heraus, sie versuchten durch lautes Rufen auf sich aufmerksam zu machen. Babys weinten, ein behinderter Junge lief unruhig am Ufer umher: „Ich habe Hunger, ich habe Hunger", und hörte nicht auf, diesen Satz zu rufen. Eine Gruppe von Männern und Frauen geriet über ihren Eifer in eine handfeste Keilerei. Ein alter Mann fiel auf den Boden. Und Jesus bekam Mitleid mit ihnen, stieg aus dem Boot und begann zu heilen. Jeden Einzelnen. Unermüdlich. Stundenlang. Dabei erzählte er vom Reich Gottes: „Selig sind die geistig Armen; denn ihnen gehört das Himmelreich. Selig sind die Friedfertigen und die, die da hungert und dürstet nach Gerechtigkeit. Wer bittet, dem wird gegeben, wer suchet, der findet. Gott wird abwischen alle Tränen."

Als die Dämmerung einsetzte, war er immer noch nicht fertig. Die Jünger wurden unruhig. Die Leute, die brauchten jetzt etwas zu essen. Sie hatten noch einen weiten Weg vor sich: „Jesus, es ist gut. Lass jetzt die Leute gehen. Dann können sie auf die umliegenden Höfe und Dörfer gehen und sich etwas zu essen kaufen. Vielleicht können sie auch dort übernachten." Doch Jesus schüttelte den Kopf: Gebt ihr ihnen zu essen!" Die Jünger schauten sich an: Was wollte er denn jetzt noch von ihnen? Hatte Jesus den Kontakt zum Erdboden verloren? 5000 Leute! Wo sollte man denn da anfangen? Sie waren müde. Johannes machte als Erster seiner Erregung Luft: „Wie soll denn das gehen?", fragte er. „Sollen wir etwa mit zweihundert Silbermünzen Brot für alle kaufen? Das reicht doch hinten und vorne nicht. Wir machen ja alle, was geht, aber mehr, als wir haben, können wir nicht geben."

Jakobus hingegen hatte sich schon fast auf den Weg gemacht, denn er konnte einfach nie Nein sagen ... Und Andreas, wie immer der große Organisator und sofort in seiner Rolle, meinte, man könne doch einfach schnell fischen gehen. Und sofort entbrannte eine wilde Diskussion, und alle redeten aufgeregt durcheinander. Bis Jesus irgendwann einschritt und laut ausrief: „Leute, so lösen wir hier keine Probleme! So schaffen wir uns nur neue! Anstatt zu sagen, was nicht geht, und uns zu streiten, lasst uns doch lieber mal schauen, was wir hier tatsächlich an Möglichkeiten haben." Das brachte auf alle Fälle etwas Ruhe in die Sache und den nötigen Abstand noch dazu. Weg von dem „das geht alles sowieso nicht" hin zu dem, was zur Verfügung steht. Und das waren: fünf Brote und zwei Fische.

„Das ist schon mal gut", sagte Jesus. „Keiner soll hier mehr geben, als er hat. Aber lasst uns das Ganze mal sortieren: Die Leute sollen sich hinsetzen. Dann ist das Ganze überschaubarer. Sie sollen Gruppen zu je fünfzig Personen bilden! Dann müsst nicht ihr alles verteilen und immer hin- und herlaufen, sondern die Leute können es geordnet selber weiterreichen. Und dann schauen wir mal, was geschieht." Und so taten es die Jünger. Als sich alle gesetzt und sortiert hatten, nahm Jesus die fünf Brote und die zwei Fische und blickte zum Himmel auf und dankte Gott für diese Gaben. Dann brach er die Fladenbrote in Stücke und gab alles den Jüngern, damit sie es an die Gruppen austeilten. Und auch die zwei Fische verteilte er. Und siehe: Es reichte für alle. Und auch die Jünger und Jesus aßen und wurden satt. Als sie alle gegessen hatten, sammelten sie die Reste, die übrig geblieben waren. Das waren noch zwölf Körbe.

Und während nun alle darauf warteten, dass Jesus ihnen dieses Wunder deuten und auslegen würde, hatte ein Mädchen schon eine Idee. Die flüsterte es ihrem Bruder ins Ohr: „Manchmal geht mehr, als du denkst!" Von diesem Tag an wurde dieser Satz zu einem geflügelten Wort. Und die Jünger legten sich erschöpft, aber sehr zufrieden ins Gras. Jesus schaute in den Himmel. Wunderbar.
(Nacherzählung: Niklas Kreppel, Helke Ricker)

3.16 Segen

Vorschläge für einzeln zugesprochene Segenssprüche zum Abschied.

- Gott segne Dich mit der Erkenntnis, dass Du trotz aller Zeitnot ein Segen für viele bist.
- Er segne Dich mit dem Vertrauen, dass Dein Wirken vieles bewirkt und Dir häufig mehr gelingt, als Du ahnst.
- Er segne Dich mit der Gelassenheit, dass Du manches einfach sein lassen darfst und es trotzdem für alle reicht.
- Er segne Dich mit dem Mut, Dir Deine Auszeiten zu gönnen und Deine Krafttankstellen zu pflegen.
- Es segne Dich Gott, der Dich, Deine Not und Deine Freude sieht Amen

Alternativ – Persönlicher Segensspruch zum Abschied

Bei einer kleinen Gruppe von Teilnehmenden kann am Ende alternativ zum allgemeinen Segensspruch jedem Teilnehmenden ein persönlicher Segenspruch zugesprochen werden. Dazu verwendet der/die Segnende Eindrücke über die Teilnehmenden, die sich im Laufe des Seminars ergeben.

Dazu bietet sich an, zunächst einen persönlichen Wunsch für den zu Segnenden zu formulieren und diesen mit einem Segenswort zu ergänzen. (Beispiel: Ich wünsche Dir, dass Du Deine Gelassenheit wiederfindest. Dazu segne Dich Gott.)

Man kann jeden einzelnen Segenswunsch mit einem „Amen" beenden, oder erst am Ende, nachdem alle Segensworte gesprochen sind, ein abschließendes „Amen" formulieren.

Vorsicht: Persönliche Segensworte können sehr berührend sein. Die Seminarleitung muss im Laufe des Seminars abschätzen, ob ein persönliches Segenswort angemessen ist. Deshalb würden wir vorschlagen, die persönliche Segnung noch mit einen gemeinsamen „leichten" Segen (z. B: mit dem „Segen aus Afrika") abzuschließen.

Segen (aus Afrika)

Gott segne Dich.

Er erfülle Deine Füße mit Tanz
und Deine Arme mit Kraft.

Er erfülle Dein Herz mit Zärtlichkeit
und Deine Augen mit Lachen.

Er erfülle Deine Ohren mit Musik
und Deine Nase mit Wohlgerüchen.

Er erfülle Deinen Mund mit Jubel
und Dein Herz mit Freude.

Er schenke Dir immer neu die Gnade der Wüste:
stilles, frisches Wasser
und neue Hoffnung.

Er gebe uns allen immer neu die Kraft,
der Hoffnung ein Gesicht zu geben.

So segne Dich Gott.

Autor*innen

Tobias Kirchhof ist Pfarrer und seit 2019 Referent für diakonische Profilbildung bei midi. Davor leitete er das Referat für Seelsorge & Ethik des Evangelischen Johannesstifts SbR, war Studierendenseelsorger an der Europa-Universität Viadrina in Frankfurt/Oder und wissenschaftlicher Mitarbeiter am Lehrstuhl für Ethik der Theologischen Fakultät der Universität Leipzig. tobias.kirchhof@mi-di.de

Anette Kotnik ist Diplom-Psychologin und Psychologische Psychotherapeutin und hat bis Mitte 2020 die Johannesstift-Akademie in Berlin geleitet. Sie arbeitet selbständig als Supervisorin, Psychotherapeutin und Fortbildnerin. Anette.Kotnik@jsd.de

Niklas Kreppel ist Diakon, Dipl.-Sozialarbeiter/Sozialpädagoge (MA) und als Dozent an der Evangelischen Bildungsstätte für Diakonie und Gemeinde in Bielefeld-Bethel tätig. Dort bildet er u. a. Diakoninnen und Diakone aus und ist mit der Entwicklung und Durchführung diakonischer Fort- und Weiterbildungsangebote in den von Bodelschwinghschen Stiftungen Bethel beauftragt. Seine diakonischen Wurzeln liegen in der Eingliederungshilfe und dort in der Arbeit mit Menschen mit Beeinträchtigungen. Niklas.Kreppel@bethel.de

Kerstin Offermann ist Pfarrerin und arbeitet als Referentin für innovative Bibelmultiplikation bei midi, der Ev. Arbeitsstelle für missionarische Kirchenentwicklung und diakonische Profilbildung. Sie ist begeistert davon, dass durch die Bibeltexte immer wieder überraschend Gott redet, und begeistert dafür, mit andern zusammen diese Entdeckung zu machen. Kerstin.offermann@mi-di.de

Helke Ricker ist Pastorin und Referentin für diakonische Profilbildung in der Diakonie in Niedersachsen. Seit 2015 bietet sie Seminare für Mitarbeitende in diakonischen Einrichtungen an. Veröffentlichung zum Thema: Helke Ricker, Sinne schärfen – Sinn finden – Sinn stiften. Profilbildung in diakonischen Einrichtungen, Stuttgart 2019. Zuvor war

Helke Ricker im Kirchenkreis Celle als Gemeindepastorin und als religionspädagogische Beratung der evangelischen Kindertagesstätten tätig. Im Lutherjubiläumsjahr 2017 hat sie zusammen mit anderen landeskirchenweit Erzieher*innen zu Lutherbotschafter*innen fortgebildet. helke. ricker@diakonie-nds.de

Weitere Informationen finden Sie auf:
www.mi-di.de/themen/kraftquellen

Neben dem Arbeitsbuch gibt es ein Begleitheft für die Teilnehmenden:
ISBN 978-3-7615-6802-6

Die Übersetzung von Markus 6, 30-44 ist entnommen aus:
Basisbibel. Altes und Neues Testament
© 2021 Deutsche Bibelgesellschaft
Wiedergegeben mit freundlicher Genehmigung. Alle Rechte vorbehalten.

Bibliografische Information der Deutschen Nationalbibliothek:
Die Deutsche Nationalbibliothek verzeichnet diese Publikation in der
Deutschen Nationalbibliografie; detaillierte bibliografische Daten sind im
Internet über http://dnb.d-nb.de abrufbar.

© 2021 Neukirchener Verlagsgesellschaft mbH, Neukirchen-Vluyn
Alle Rechte vorbehalten
Gesamtgestaltung: Grafikbüro Sonnhüter, www.grafikbuero-sonnhueter.de,
unter Verwendung eines Bildes © Jon Hoekstra / Social Social
Lektorat: Ekkehard Starke
Verwendete Schrift: Minion, GT Walsheim
Gesamtherstellung: Finidr, s.r.o.
Printed in Czech Republic
ISBN 978-3-7615-6801-9

www.neukirchener-verlage.de